U0145727

教育政策研究

蔡進雄　著

五南圖書出版公司 印行

　　政策是政府的一切作為，且具有權威性及普遍性，影響國家教育發展甚鉅。因此，教育政策的研究為教育學術研究的重要課題，研訂具有品質且前瞻性的教育政策是教育發展的一大助力；反之，則阻礙國家教育的進步。

　　本書內容包含四大篇十二章，篇篇都具有可讀性，舉凡教育政策論述的意涵和類型、證據為基礎的教育政策、教育政策釋意取向的實踐啟示、教育政策變遷對教育政策制定的啟示、風險社會下的教育政策制定特色、我國智庫與教育政策的關係、教育學術研究者與教育政策制定者的關注差異等內容，不僅研究議題新穎且對當前教育政策制定具有啟示性，深具學術參考價值。

　　本人曾擔任臺北市教育局局長、國家教育研究院院長、教育部國民及學前教育署署長，更能深刻體會教育政策對國家教育及人才培育的重要性；近年來也積極投入 111 教育發展協進會，期望透過民間力量能對弱勢學生教育發展與政策，盡一份心力。

　　蔡進雄博士經歷國立臺灣師範大學教育研究所碩士班、博士班的嚴謹學術教育訓練，且擔任中學教師兼任行政多年，並曾任職國立臺東師範學院教育研究所專任助理教授、輔仁大學教育領導與發展研究所專任副教授及所長等，轉任至國家教育研究院擔任研究員致力於教育政策研究，本書為蔡進雄博士多年來的研究心得，本人有機會先睹全書，特為序推薦。

吳清山 謹識

民國 110 年 12 月

〔自 序〕

　　本書《教育政策研究》是筆者的第十一本教育專著，筆者有幸於民國
101 年轉任至國家教育研究院教育制度及政策研究中心服務，發現國內教
育界普遍缺乏教育政策素養，便發願撰寫《教育政策研究》一書，期望讓
更多教育夥伴能藉由專書，更加認識教育政策之意涵及其相關內容，在經
過多年努力與學術耕耘後，總算可以出版了。

　　本書包含基礎篇、理論篇、研究篇及展望篇等四大篇，第一篇基礎
篇介紹教育政策的基本概念、教育政策研究與研究方法、教育政策的過程
等。第二篇為理論篇，從第二章到第八章計有七章，內容之第二章探討政
策論述的意涵與類型，第三章探析證據為基礎的教育政策，第四章闡明教
育政策釋意取向的實踐啟示，第五章則論述教育政策變遷對教育政策制定
的啟示，第六章為探析教育政策分析家角色與專業素養，第七章是探究風
險社會下的教育政策制定特色，第八章是從民粹主義探析教育政策決策的
發展趨勢。第三篇是研究篇，計有三章，包含第九章為探究我國智庫與教
育政策的關係，第十章為研究政策學習的意涵及其對教育政策品質的啟
示，第十一章為探析教育學術研究者與教育政策制定者的關注差異。第四
篇是展望篇，闡述剖析新世紀教育政策研究的重要發展面向。

　　感謝指導教授前教育部長吳清基教授的指導與提攜，感謝臺北市立大
學教育行政與評鑑研究所吳清山教授的提攜並為本書寫序，增添本書出版
的光彩，感謝國家教育研究院提供的研究環境，感謝內人黃惠鈴老師的支
持，感謝父母的養育大恩，所以我要將這本書獻給一輩子辛勞耕種的親愛
父母。感謝五南圖書公司慨允出版，感謝五南圖書黃文瓊副總編輯的大力
促成，以及李敏華小姐的用心且細心校稿；另外直接或間接有助本書的師
長，就不一一列名致謝，然筆者永遠銘記在心。本人才疏學淺，書中闕漏
之處恐難避免，尚請教育先進不吝指正。

末學 蔡進雄 謹識

民國 110 年 12 月

〔 導　論 〕

壹、本書的研究動機與目的

　　教育政策影響國家教育發展甚鉅，主要是教育政策具有合法性、普遍性及強制性等特徵，故教育政策方案一旦合法化並加以執行後，則將直接影響學校教育的轉變與發展，由此亦顯現教育政策理論研究的重要性，因為「沒有理論的教育政策是淺碟，沒有研究的教育政策是停滯的」。

　　具體而言，教育政策是政府對教育的作為或不作為，故教育政策對教育資源進行分配時，也就是同時展現對學校教育的影響力（蔡進雄，2014）。循此，教育政策理論與研究為教育學術研究所重視，且藉著教育政策理論與研究之探析，才能使教育政策發展更有方向、更為穩健。筆者希望本書的出版能為國內教育政策學術研究領域略盡一己之力，此為本書研究出版的主要研究動機。

　　至於本書之研究目的在於探析教育政策的基本概念，並探究政策論述、證據為本、釋意取向、政策變遷等政策相關理論對教育政策的啟發，且透過文獻分析及訪談研究教育智庫、政策學習及雙社群理論，最後提出教育政策未來發展重要面向，以供國內教育政策研究與實務發展之參考。

貳、本書的架構說明

　　本書書名為《教育政策研究》，共計三大篇十二章，第一篇是基礎篇，第二篇是理論篇，第三篇為研究篇。茲將本書的架構臚列闡明如下：

第一篇　基礎篇

第一章　教育政策的基本概念

　　本章旨在闡述教育政策的定義，教育政策是政府對於教育的作為或不作為，以解決教育問題或滿足民眾對教育的期待。其次說明教育政策研究與研究方法，接著闡明教育政策的過程包含教育政策問題、教育政策規

劃、教育政策合法化、教育政策執行及教育政策評估等，本章指出教育政策具有合法性、普遍性及強制性等特徵，因而顯現教育政策對教育發展的影響力。

第二篇　理論篇

第二章　政策論述的意涵類型及其對教育政策制定的啟示

本章在於了解政策論述的意涵類型，以及闡明政策論述對教育政策制定的啟示。本章首先探討政策論述的意涵，其次探析政策論述的類型，之後闡明政策論述對教育政策的啟示，最後兼論新課綱政策的論述面向，以供教育政策實施及新課綱推動之參考。

第三章　證據為基礎的教育政策探析

本章首先敘述證據為基礎的意涵，並從形成重視證據的教育政策文化、建立整合教育資料庫、進行小規模的教育實驗或試行、進行長期性及系統性的教育研究、促進學術研究社群與教育政策制定者的連結合作關係等闡明以證據為基礎的教育政策之實踐策略，以供學術研究及教育相關單位之參考。

第四章　教育政策釋意取向的實踐啟示與評析

本章首先探討釋意及教育政策釋意的意涵，其次說明 Weick 的釋意理論及與釋意相關的理論，復次闡述教育政策釋意取向之觀點，接著引述釋意理論的相關研究，之後指出釋意理論對教育政策與改革的實踐啟示等，以供教育政策制定及實施之參考。

第五章　論教育政策變遷對教育政策制定的啟示

本章首先探討政策變遷的意涵及類型，並闡述教育政策變遷對於教育政策制定的啟示，包括注意政策企業家的投入、慎用教育政策終結、體認了解政策變遷的倡議聯盟架構及進行教育政策評估等，以供教育行政機關政策制定的參考。

第六章　教育政策分析家角色與專業素養之探析

本章首先說明教育政策分析的定義，其次探析教育政策的分析取向以及教育政策分析家的角色 接著闡述教育政策分析家的專業倫理與專業素養，以作為未來培養教育政策分析家之參考。

第七章　單一專家決策的風險與挑戰：論風險社會下的教育政策制定特色

本章首先探析風險社會的意涵，其次闡明「過度依賴專家的風險」思維下的教育政策制定，以及探討參與式知識管理、審議式民主與教育政策制定的關係，接著從風險社會觀察教育正向的生命力，之後提出省思以供教育政策與行政之學術研究及實務參考。

第八章　從民粹主義探析教育政策決策發展趨勢

本章首先探討民粹主義的類型與定義，以及民粹主義有關理論內容，其次探究民粹主義與教育政策的關聯，接著從民粹主義探析國內教育政策決策發展趨勢，以供教育政策決策者與教育領導人之參考。

第三篇　研究篇

第九章　我國智庫與教育政策關係之展望

本章首先探討智庫的定義及相關理論，並且透過焦點團體訪談以了解學者專家對智庫與教育政策關係及展望的觀點，最後本章依據結果提出建議，以供教育行政相關單位之參考。

第十章　政策學習的意涵及其對教育政策制定品質的啟示

本章探討政策學習的意涵、政策學習的過程，並輔以個別訪談，最後並梳理政策學習對教育政策制定品質的啟示，以供教育行政機構制定政策及探究教育政策學習之參考。

第十一章　教育學術研究者與教育政策制定者關注差異之研究：雙社群理論之觀點

本章從雙社群理論探析研究者與決策者的相異之處，經由文獻探討及焦點團體訪談，獲得雙社群理論能解釋教育學術研究者與教育政策制定者的關係與差異等結論，最後依結論提出具體建議，以供教育學術研究者及教育政策制定者之參考。

第三篇　展望篇

第十二章　教育政策未來發展重要面向

國內教育政策研究有諸多重要的趨向，本章從「教育政策制定模式的交互運作」、「教育政策目標與教育政策工具的連結」、「民意、民意調查對教育政策的影響」、「教育政策領導的絕對、相對與辯證」、「教育政策行銷的運用」、「利益團體的積極活動」、「教育學術研究者與教育政策制定者的合作」及「教育政策評估的落實」等方面闡明國內教育政策研究的發展方向，以供教育政策實務及學術研究之參考。

蔡進雄（2014）。國家教育政策對學校教育的影響。**國家教育研究院電子報，100**。取自 https://epaper.naer.edu.tw/edm.php?grp_no=1&edm_no=100&content_no=2383

目　錄

研究篇

基礎篇

第一章

教育政策的基本概念

壹 教育政策的定義

關於教育政策的定義，可以先從公共政策的意涵加以說明。Dye 指出公共政策是指政府選擇作爲或不作爲的任何行動（Public policy is whatever governments choose to do or not to do.）（Dye, 2003），此一定義廣受多數學者的引用。Lester 與 Stewart 表示公共政策是被設計來處理問題之政府活動或決策的過程。公共政策最特別的特徵是，它是由政治系統的權威者所規劃、執行與評估（陳恆鈞譯，2001）。Smith 與 Larimer 認爲我們可以簡潔地說公共政策就是政府的所作所爲（蘇偉業譯，2010）。張明貴（2005）綜合各家之言後表示公共政策的意涵包括：(1) 公共政策是出自於政府行動者之手的權威性與制裁性決策，如騎機車戴安全帽；(2) 權威性規則的一般架構，如立法修法；(3) 計算如何完成目標的各種行動，如生態保育措施。呂亞力（2011）陳述公共政策乃是政府所制定與執行的行動綱領。公共政策之執行不僅是爲了除弊，也是爲了興利，是爲了解決發生的問題，也是爲了增進人民的福祉與利益。

吳定（2011）將公共政策定義爲政府機關爲解決公共問題或滿足公眾需求，決定作爲或不作爲，以及如何作爲的相關活動。翁福元（2009）認爲政策是政府相關部門或是公部門爲達成任務、目標或是解決問題，根據相關法令規定，和部門或機構本身的權責，所制定的方針、策略或指導，以作爲行政的依據。吳政達（2002）陳述教育政策是指政府機關爲解決某項教育政策問題或滿足某項公眾之教育需求，決定作爲及如何作爲的政策行動，以及該政策行動所產生之結果及其對公眾的影響。

綜上所述，筆者歸納認爲，所謂教育政策是爲了解決教育問題或滿足民眾對教育的期待，政府的作爲或不作爲。進一步說明如下：

1. 教育政策的提出往往是因教育實際與理想有所落差，故爲了解決現狀與理想落差之教育問題而提出適切的教育政策，例如學生管教產生問題，教育行政部門研擬相關政策以解決此一問題。此外，民眾對某些教育議題有所期待時，良好教育政策的規劃與執行可滿足民眾的期望。

2. 教育政策是政府的作爲或不作爲，選擇作爲或不作爲都是一種政

策。例如面對少子女化對學校的衝擊，如果教育行政相關單位決定小校裁併，就是一種政府的作為；而如果選擇對於小校維持現狀不裁併，這種不作為也算是一種教育政策，故教育政策可以說是政府的作為與不作為。

貳　教育政策研究與研究方法

一、教育政策研究的特徵與研究方法

政策研究是利用社會科學方法探討公共政策的問題，政策研究之最後產物通常是關切政府所採取的某種行動，將會產生何種後果的因果關係模式，其主要目標是預測政府在政策變項上之改變究竟產生何種衝擊。簡言之，政策研究是指政策研究者應用各種正式的研究方法論，去探究各項政策問題，以預測政策結果之系統性知識（吳定，2012）。質言之，政策研究之範圍是無所不包的，其任務乃是提供客觀的事實證據，以改變現況，進而影響未來（翁福元，2009）。Majchrzak 指出政策研究的特性為（謝棟梁譯，2000）：(1) 政策研究是多構面的：公共政策通常是企圖解決複雜的社會問題，政策研究必須就問題的整體多構面特性加以探討；(2) 政策研究對研究結果之使用應有所回應：政策研究應將研究使用者置於政策研究程序之一，政策研究人員並盡可能的對使用者加以回應；(3) 政策研究具有價值判斷：政策研究為一含有價值判斷的過程，因此需要對各種價值觀加以了解。

至於政策之研究方法，二次大戰以前，受 Weber 理性科層社會學理論的影響，整個政策系統是封閉和靜態的，1950 年代後，行為主義統御了政策研究領域，尋求研究的量化。1960 年代以後，後行為主義興起，強調對解決實際問題的貢獻，在具體方法上，除了傳統的政治學及社會學的研究方法外，近來又側重個案研究、模式研究及人類學研究方法在教育政策研究的應用（袁振國，2010）。

常見的教育政策研究方法有下列幾種，分別是個案研究法、實驗法與準實驗法、歷史研究法、內容分析法、調查研究法、焦點團體法及三角測

量法。如以政策分析技術而言，另有政策德懷術、政策論證或教育政策辯論（張芳全，2004）。吳定（2003）表示公共政策研究與其他各種學科的研究一樣，通常會從文獻探討法、訪問法、問卷法及觀察法等四種研究方法中選擇一種以上應用之。

　　申言之，教育政策研究是爲了解決教育問題或促進教育目標所進行的研究，所採用的研究方法包括量化研究（如問卷調查）及質性研究（如訪談法）。此外，爲蒐集政策利害關係人之意見及受多元主義之影響，教育政策研究也常採取民意調查、座談會及公聽會等研究方法。再者，如是受委託的政策研究，則教育政策研究過程應多與研究結果之使用者溝通對話。

二、國內教育政策碩博士論文研究之概述[1]

　　教育政策關係著國家教育之發展，而教育政策的制定應以教育專業爲基礎，才能正確引領教育發展方向。碩博士論文是該領域專業知識的來源之一，因此，筆者於 2013 年 1 月中旬上網至國家圖書館「臺灣博碩士論文系統」網站，以「教育政策」爲「論文題目」進行查詢，總計獲得 265 篇碩博士論文。

　　參考吳定（2009）對公共政策的分類，我們可以將教育政策研究領域分爲教育政策過程本論及教育政策脈絡議題（contextual issues）兩類，前者包括教育政策問題分析、教育政策規劃分析、教育政策合法化、教育政策執行分析、教育政策評估分析，後者則包括民意、利益團體、教育政策工具、教育政策行銷、政黨及智庫、公民參與政策等。

　　就教育政策過程本論之研究來看，國內教育政策碩博士論文之多數研究主要是集中在研究各類教育政策執行。就教育政策脈絡議題之研究觀之，碩博士論文研究在這方面除了有數篇研究教育政策行銷外，並未見特

1　以下關於國內教育政策碩博士論文研究之概述，取自本書作者於 2013 年發表於國家教育研究院電子報第 58 期，題目爲：國內教育政策碩博士論文研究之概述。取自 https://epaper.naer.edu.tw/edm.php?grp_no=2&edm_no=58&content_no=1606

別聚焦研究某一政策脈絡議題之情形。此外，筆者也發現諸多研究是以當時實施中之教育政策方案為探討主題，如零體罰教育政策、海洋教育政策、新住民教育政策、國際教育政策等，由此觀之，教育政策碩博士論文研究主題會隨著政策走向而轉變。

就時間來看，國內教育政策碩博士論文研究較早的一篇是朱春生於1979年以「從中山先生思想論三民主義的教育政策」為主題之碩士論文，之後陸陸續續有研究生投入教育政策之研究。由於教育政策研究在國內起步較慢，故教育政策之碩博士研究多集中於最近十年，可謂是教育政策研究的發展期。就研究方法觀之，我們也明顯看出多數教育政策碩博士論文研究是採量化研究為主。

參　教育政策的過程

政策過程發展有階段論與反階段論兩種說法（丘昌泰，2010），以教育政策過程發展而言，如圖1-1所示，階段論[2]是指從教育政策問題形成、教育政策規劃、教育政策合法化、教育政策執行至教育政策評估等是一種線性式的思維，大多數的教育政策研究是採階段論的觀點（取自蔡進雄，2013）。

圖1-1　教育政策階段論的過程

反階段論則主張教育政策並不是依循線性思維，教育政策問題形成或

2　以下關於教育政策的階段論與反階論之內容，取自本書作者於2013年發表於國家教育研究院電子報第57期，題目為：教育政策的階段論與反階段論。取自 https://epaper.naer.edu.tw/edm.php?grp_no=2&edm_no=57&content_no=1591

規劃常是突然或臨時起意的，例如當教育發生重大事件引起社會及媒體討論時，就有可能開了政策之窗，並在短時間內立法實施某項政策。此外，垃圾桶決定模式認為教育政策決定是隨機碰撞而得的，此理論亦可歸屬於教育政策過程的反階段論（取自蔡進雄，2013）。

申言之，教育政策階段論是按牌理出牌，從問題形成、規劃、合法化、執行及評估等是可預期且循序漸進的必然步驟，例如師資培育政策是來自師資的問題，之後因問題而規劃師資培育政策方向，再經由合法化過程之後執行政策，最後評估政策結果成效是否能解決師資培育問題；相反地，反階段論是不按牌理出牌，如政治權力的介入就是一種非階段論及非理性的教育政策決定模式，所以，我們也常聽到「計畫趕不上變化，變化趕不上長官一句話」的說法，亦即行政權威介入導致政策大轉彎。又如某項教育政策方案的規劃推動如果是教育政策制定者的突發奇想，也是一種反階段論的情形（取自蔡進雄，2013）。

以下就教育政策問題、教育政策規劃、教育政策合法化、教育政策執行及教育政策評估等方面闡述教育政策之階段論過程。

一、教育政策問題

（一）教育政策問題的意涵

公共問題是指不特定多數人覺得其期望價值、目標或情況，與實際獲得或預期可獲得的價值、目標或情況之間存在顯著差距，而形成公共問題（吳定，2003）。Lester 與 Stewart 指出政策問題可界定為在某種條件或情境下，一部分人對現行政策感到不滿，向政府尋求救濟或補償（陳恆鈞譯，2001）。Larry 認為公共政策是源自困擾著社會之一部分或若干部分，到源自採取行動點的問題（陳明貴譯，2003）。

Gerston 曾將公共政策範圍與摩天輪的運轉相比較，雖然摩天輪運轉是可預測的，但遊客的進出與混雜是不可預測的。有時摩天輪是滿載，有時是近乎空轉；有些乘客選擇坐好幾回，但有人旋轉一回即已足矣。因此，公共政策問題可比喻為就像上下政府摩天輪的乘客，有些政策問

題具有難以置信的駐留力，有些政策問題出現後迅即消失（張明貴譯，2005）。例如有些教育政策問題會不斷被討論，但有些教育政策問題因獲得解決或不被重視，很快地就從政府摩天輪下來離去。教育政策問題除了可以從駐留時間長短來看，還可以從教育政策問題的複雜度觀之，有些教育政策問題是結構明確的，有些是結構不明確而模糊的，結構明確的教育政策問題是有明確的目標及解決方式，不會有太大的爭議，而結構模糊的教育政策問題就相當複雜，對於目標共識性不高，解決方式也不明確，且爭議性高、牽動範圍甚廣，例如高等教育學費是否調漲就是屬於結構模糊的教育政策問題。

　　值得一提的是，啟動機制是公共政策的催化劑。所謂啟動機制是一個關鍵事件或一組事件，使得日常問題變成普遍具有的負面公共反應。再者，啟動機制即是一種政策之窗（policy window），這些窗戶以不可預期的間隔時間開與關，一旦窗戶開啟，窗戶不會開太久，如果窗戶關閉，則可能長久不再開啟（張明貴譯，2005）。是以吾人應該把握及善用教育政策窗戶之開啟時機，如教育問題引發大眾注意及媒體討論，則可藉此訂定或修改教育相關法令或適時推出有利於教育發展之教育相關政策，否則錯過政策之窗開啟的機會，一旦關起窗戶要再打開就有相當難度。

（二）教育政策問題的特徵[3]

　　當理想與現實間有落差時就會形成所謂的問題（problem），是以教育政策問題即是民眾對於教育期望與教育實際有所差距時，教育相關部門為解決問題而形成所謂教育政策問題。有些教育政策問題是結構明確的，有些教育政策問題是結構不明確而模糊的，但不論是結構明確或結構模糊的教育政策問題，大多具有相互依賴性、歷史性、動態性及主觀性等（丘昌泰，2010）特徵。茲闡明如下並以人才培育為例（取自蔡進雄，

---

[3]　以下關於教育政策問題的特徵之內容，取自本書作者於 2012 年發表於國家教育研究院電子報第 50 期，題目為：教育政策問題的特徵：以人才培育為例。取自 https://epaper.naer.edu.tw/edm.php?grp_no=2&edm_no=50&content_no=1413

2012）：

1. 相互依賴性

教育政策問題常是環環相扣、相互依賴的，依此而論，解決教育政策問題常需要不同部門的協助，例如人才培育政策的擬定及解決方案需要行政院各部會的配合才能達成教育政策目標，尤其是延攬外籍人才除了教育部的努力外，還需要各部會法規的鬆綁。由於教育政策問題的相互依賴性，吾人在解決教育政策問題時更需要有全系統觀，而不能僅微觀看到局部面向或問題（取自蔡進雄，2012）。

2. 歷史性

教育政策問題的產生通常不是臨時出現或是無中生有，而是有其歷史因素。目前各界極重視的人才培育，也是因為近年來國家競爭力備受考驗，以及長期以來產學無法有效連結等因素造成的。再例如十二年國教的問題，絕不是單一因素，而是有其歷史脈絡，其中學區劃分就有其傳統升學主義的因素在影響此一政策問題的解決。

質言之，政策絕非在空無一物之真空狀態下制定出來，也就是說，政策是所有社經、文化、政治等背景因素，以及政體制度和決策人士意念之交互作用的結果，所以，政策是許多因素交相互動所浮現出來的（翁興利等，1998；Peters, 1986）。一言以蔽之，教育政策問題具有歷史及多元脈絡的背景因素，很少有無中生有的教育政策問題（取自蔡進雄，2012）。

3. 動態性

教育政策問題有其動態性，此時期是個教育政策問題，但過了一段時間後可能就不是問題了；某時期的政策方案是適切有效的，但在另一時間可能就不是最好的解決方案，是故解決教育政策問題的方案宜不斷調整以因應各種變遷。人才培育政策亦是如此，必須隨時動態調整，而不是一成不變（取自蔡進雄，2012）。

4. 主觀性

教育政策問題有其主觀性，特別是教育價值常有其多面向的判斷標準，更顯現教育政策問題的主觀性而較難取得一致的共識。以人才培育政策爲例，各界對人才培育的方向及重點也有不同的看法，大學教育階段的人才培育何去何從，學者專家亦有多元相異的觀點，例如對於明星高中的存廢，有許多人支持明星高中的存在，主張明星高中的價值，但也有一些人明顯反對明星高中，認爲學業成績優秀的高中生應該分散在各高中。由此可見，教育政策問題是有其主觀性，是以解決教育政策問題更需要加強溝通協調（取自蔡進雄，2012）。

總括說來，教育政策問題具有相互依賴性、歷史性、動態性及主觀性等特性，因此，我們在研議人才培育政策時，宜同時了解教育政策問題之特徵，方能有效解決人才培育問題以達成教育政策目標（取自蔡進雄，2012）。

二、教育政策規劃

Lester 與 Stewart 認爲政策規劃（policy formulation）意指在政策過程的某一階段，用適當及可接受之行動來處理一些特殊的公共問題，並且進一步將其立法（陳恆鈞譯，2001）。吳定（2003）指出政策規劃是指決策者或政策分析人員爲了解決政策問題，採取科學方法，廣泛蒐集相關資訊，設計一套以目標取向、變革取向、選擇取向、理性取向及集體取向的未來行動替選方案的動態過程（吳定，2003）。張芳全（2006）表示教育政策規劃是針對教育政策問題，依據嚴謹態度及方法對政策問題提出方案，以期解決問題並達成政策目標的過程。

綜合前述觀點，教育政策規劃可定義爲爲了解決教育問題，教育決策者採用適當的方法，蒐集相關資訊，並對教育問題提出解決方案之歷程。Kaplan 於 1973 年所提出的七項政策規劃原則，長期以來一直是眾多學者所引述及參考的來源，分述如下（引自吳定，2003；Kaplan, 1973）：

（一）公正無偏原則（principle of impartiality）

在進行政策方案設計時，應儘量以公正無偏的態度及原則，愼重考量方案或政策對當事人、利害關係人及一般社會大眾的影響，做最適當的規劃。

（二）個人受益原則（principle of individuality）

如果政策規劃之目標、利益或影響無法使一般社會大眾所分享或受益，則該方案或政策就沒有規劃或執行的必要性。換言之，使個人受益應列爲政策規劃的原則之一。

（三）弱勢族群利益最大化原則（maximin principle）

政策規劃應考量弱勢團體或個人能獲得最大的照顧，受到較多的利益，例如低收入戶、少數民族。因此，我們在從事教育政策規劃時，對於弱勢學生及家庭應該使他們獲得最大的利益及照顧，目前許多教育政策如國民中小學之課後照顧政策，正是考慮弱勢族群最大化原則。

（四）分配普遍原則（distributive principle）

政策規劃或設計應考慮儘量使受益者擴大，亦即儘量使利益讓一般人或更多人能享有，即「雨露均霑」，而不是偏限於少數人。

（五）持續進行原則（principle of continuity）

進行政策規劃時應考量政策方案的持續性，兼顧過去、現在及未來的脈絡，尤其應以長期及前瞻的眼光來規劃設計教育政策方案。

（六）人民自主原則（principle of autonomy）

政策規劃時應仔細考量政策問題可否交由企業、民間團體及一般社會大眾去處理，凡是民間有意願及有能力辦理的事項，原則上可儘量交給民間辦理。

（七）緊急處理原則（principle of urgency）

從事政策規劃時應考慮政策問題的緊急性，也就是說，對於比較重要的及緊急的問題應該列為優先規劃及執行。例如校園安全產生問題，教育政策就應該針對校園安全盡快研擬相關教育政策方案，以解決此一緊急重要問題。

三、教育政策合法化

林水波與張世賢（2008）認為政策合法化旨在研討政治系統取得統治正當性的基礎，並研析政策議案為有關權威當局通過認可的過程，之後取得法定地位，付諸執行的基礎。丘昌泰（2010）指出合法化是指政策規劃者所提出的行動方案賦予法律力量的程序，授與其權威或是使其正當性，以順利執行公共政策。張芳全（2001）則認為狹義的教育政策合法化係指教育政策制度化。申言之，教育合法化包括教育政策的法律化及教育政策的合法性，前者使得教育政策提升為法律，獲得了法律效力，後者是沒有提升為法律的教育政策方案透過機關審查之後，可獲得了合法性（袁振國，2010）。

再者，法律為政策的具體化，也是政策執行的重要依據。至於我國立法院的立法程序包括（林水波、張世賢，2008）：提案、一讀會、審查、二讀會、三讀會、公布或覆議。簡要說明如下（引自劉仲成，2005）：

（一）提案

提案的來源為行政院、司法院、考試院、監察院、立法委員及符合組織法規之黨團。提案先送程序委員會，由祕書長編擬議事日程，經程序委員會審定後付印。

（二）一讀會

政府提案或委員所提法律案列入議程報告事項，於院會中朗讀標題（一讀）後，即應交付有關委員會審查或逕付二讀。

（三）審查

預算案於交付審查之前，行政院院長、主計長及財政部部長應列席院會，報告施政計畫及預算案編製經過並備質詢。各委員會為審查院會交付之議案，得依規定舉行公聽會，邀請相當比例之政府人員及社會上有關係人士表達正、反意見，並將其意見提出報告，送交本院全體委員及出席者，作為審查該案之參考。

（四）二讀會

二讀會討論經各委員會審查之議案，或經院會決議逕付二讀之議案。二讀時先朗讀議案，再依次進行廣泛討論及逐條討論。

（五）三讀會

經過二讀之議案，應於下次會議進行三讀，但出席委員如無異議，也可以繼續三讀。三讀會除發現議案內容有互相牴觸，或與憲法及其他法律相牴觸外，只得為文字之修正。

（六）公布或覆議

完成三讀之法律案及預算案經院長咨請總統公布並函送行政院，總統則於收到後十日內公布之，或依憲法增修條文第三條規定之程序，由行政院移請立法院覆議。

顏國樑（2010）綜合各家之言提出影響教育政策合法化的因素，相當值得參考，引述說明如下：

（一）行政機關

教育部有關人員及行政院有關人員在法律制定過程所扮演的角色日益重要，其原因在於大部分法律案是由行政部門草擬。

（二）利益團體

在教育改革過程中，許多教育政策與法案的制定或修正，許多利益團體都會投入與參與，影響途徑分為直接遊說（如陳情請願、面對面遊說）及間接遊說（如召開座談會、透過大眾傳播媒體宣傳）。

（三）政黨

政黨能夠反映民意並主導國家社會發展，通常政黨會以選舉會議會運作的途徑來影響教育法制定的過程。

（四）立法機關

在立法機關中，每位立法委員及其助理、教育委員會委員及召集人、程序委員會等，對於教育政策的合法化皆有一定程度的影響。

（五）學術團體

學者專家接受教育行政機關委託草擬教育法案、透過大眾傳播媒體表達意見、參與公聽會或研討會，或是透過學術性團體舉行研討會等影響教育政策法案之制定。

（六）大眾傳播媒體

包括電視、報紙、雜誌、電影及廣播等多項傳播媒介，透過報導及評論影響教育政策之立法。

（七）利害關係人

所謂利害關係人係指教育法令公布之後，政策執行的影響對象。以教育方面而言，主要利害關係人包括學生、學校教育人員、家長及教育有關的團體。

四、教育政策執行

（一）教育政策執行的意涵及影響因素

所謂政策執行是指政策方案經合法程序，取得合法地位後，由主管部門負責擬定施行細則，確定執行專責機關，配置必要資源，以適當的管理方法及必要的對應行動，以達成目標之所有相關活動的動態性過程（吳定，2012）。Hogwood 與 Gunn 認為完美政策執行的十項要件分別是：沒有無法克服的外在限制、充分的時間與足夠的資源、充分整合所有必要的資源、政策係以有效的理論為基礎、直接而清晰的因果關係、最低度的依賴關係、充分共識與完全理解的政策目標、任務必須有正確的行動序列、完美的溝通與協調、權力與服從（引自李允傑與丘昌泰，2009）。

在影響政策執行的因素方面，朱志宏（2002）陳述政策執行成敗的決定因素在於，其一是政策制定及政策本身的因素，如政策規劃過程是否完善？政策本身的理論基礎是否堅強穩固？其二是執行機構的因素，如執行機構資源是否充沛？執行機構與決策機構之間溝通是否良好？執行人員態度是否積極進取？以上各因素皆會影響政策執行的成敗。吳定（2003）指出我國政策執行的主要缺失為執行機關本位主義觀念濃厚、執行機關重疊、威權決策者的決策方式不當、立法從嚴執法從寬的錯誤觀念盛行、利益團體及民意代表介入影響執行效果、執行人員低度執行意願影響執行效果、未能建立公平與合理的執行原則及府際關係不暢導致執行困難。林水波與張世賢（2008）表示影響政策執行的因素包括政策問題的特質、政策本身所具的條件及政策本身以外的條件。李允傑與丘昌泰（2009）指出一個完整的政策執行必須考量健全的執行組織、適當的執行模式及功能性的管理工具。

顏國樑（1997）認為影響教育政策執行的因素包括兩大部分，其一是政策內容因素：政策的明確性、政策資源、標的團體行為需要改變的程度、理論的適切性與技術的有效性、政策類型等；其二是政策系絡因素：執行機關的特性、執行人的能力及意願、執行人員與標的團體的溝通、政策執行的策略、政治、經濟及社會的條件等。黃旭鈞（2009）陳述教育領

導在落實教育政策的策略，在政策形成與採用階段爲增加政策相關人員的合作與參與、尊重價值觀與意識型態的差異、認清教育政策中高度政治化本質及加強溝通協調；在政策實施階段爲提升領導人員政策素養、確實掌握政策實施的情境脈絡、發揮在政策實施中承上啟下的功能及解決新政策實施問題；在政策評鑑階段爲增加執行者評鑑政策的機會、重視政策在維護社會公平正義的成效及強調教育領導與政策中全球化與國際接軌的議題。袁振國（2010）指出導致教育政策失眞的原因可歸屬於兩方面：教育政策本身的缺陷及政策執行者的問題。由以上論述可知，影響教育政策執行的因素相當多元，以下進一步闡述教育政策執行過程中，校長領導面對的困難與解決策略。

（二）教育政策執行過程，校長領導面對的困難與解決策略

教育政策過程包括教育政策議題形成、教育政策規劃、教育政策合法化、教育政策執行、教育政策評估等，而學校領導者在教育政策過程中主要是扮演執行者角色，亦即將教育政策落實於學校，例如以十二年國教政策執行爲例，國中校長的角色就是該政策之執行者，此外，各縣市教育局處在推動地方教育政策上，也是有賴於學校領導者的極力推動，才能有效落實不會脫鉤，否則諸多教育政策的美意往往大打折扣。誠如林水波與張世賢（2008）陳述執行人員假如對政策不順服、不支持，或認爲負擔過重，或藉故忙於他事，或陽奉陰違，或對政策指令所做的選擇性認知等，則將會影響政策執行的成效。

常聽聞「上有政策，下有對策」，教育政策可能由於政策行銷不夠、政策執行者態度消極或教育利害關係人對政策內容認知不足等，造成教育政策無法有效落實。而就教育政策制定執行與學校關係而言，教育政策的制定主要是由教育主管機關之教育行政人員來進行決策，學校校長通常僅是參與政策的諮詢與意見提供，而教育政策的執行主要是由學校校長來執行，是以校長是教育政策執行的重要關鍵人物，例如某縣市教育局處要推動國際教育社群政策，則該縣市教育局處做成政策後，就交由各校校長加以推動落實。因此以目前國內情況而言，中小學校長是教育政策之決策過

程的參與者而非主要制定決策者，亦即在教育政策過程中，國民中小學校長的角色以教育政策執行者為主。

就教育政策領域而論，Folwer（2009）對於教育領導者與政策間提出之基本信念為：(1) 教育領導者必須要有政策及政策流程的素養；(2) 教育領導者對於教育政策與決策需要具備理論與實務資訊；(3) 所有的公共政策，特別是教育政策，都是價值承載的（value laden）。綜言之，學校領導者居於承上啟下的角色，必須具有教育政策素養，如此才能有效執行教育政策。

具體來說，教育政策執行是於教育政策方案取得合法性後，採用適當的政策工具，以達成教育政策目標之過程。就校長的角色來看，執行教育政策是國民中小學校長的重要職責任務。而在教育政策執行過程中，校長領導的困難可由以下幾個層面進行分析：

1. 從政策本身來看，政策的明確性與否會影響校長的政策執行。

2. 從教育利害關係人來看，在於教師及家長對教育政策的認同或抗拒程度。

3. 從校長本身來看，在於校長對教育政策的認知、能力與態度。

4. 從資源的角度來看，在於資源的充分支援程度。

總括而言，教育政策執行過程中，校長領導面對困難之解決策略為教育政策本身的明確性，並透過政策本身的明確性及價值性爭取教師及家長的認同。此外，亦應強化校長對教育政策的專業素養與執行態度，以及提供必要的人力、經費及設備等相關資源及配套措施。

五、教育政策評估

（一）教育政策評估的意涵與功能

政策評估不僅可以減緩問題，對於釐清一項政策和價值批判也有貢獻，有助於政策調整或重塑，並建立問題建構的基礎（馬群傑譯，2011）。Jones（1984）認為政策評估是在於判斷政府過程與計畫之良窳。吳定（2012）指出政策評估是指政策評估人員利用科學方法與技術，系統

的蒐集相關資訊，評估政策方案的內容及可行性、規劃與執行過程，以及執行結果之一系列活動。李允傑與丘昌泰（2009）表示教育政策評估具有以下兩層意義，其一是檢視資源分配的妥適性：國家的教育資源有限，而政策是政府分配資源（預算）的權威性決定，因此應透過教育政策評估來檢視國家教育資源分配是否達到妥善運用，以及是否有達到教育政策目標；其二是以系統及科學的方法進行評估：教育政策評估關係著國家教育資源的分配，不能隨性或隨意進行，或者個人主觀判斷，而必須以系統性、客觀性及科學性的方法進行評估。此外，Dunn（2012）亦提出政策評估的六大指標，分別是效能（effectiveness）、效率（efficiency）、充分（adequacy）、公平（equity）、回應（responsiveness）及適當（appropriateness），值得參考。

　　歸納上述觀點，教育政策評估可定義為教育政策相關人員或研究人員採用多元方法，蒐集政策相關資訊，以判斷該教育政策是否達成目標之歷程。

　　至於教育政策評估的功能，主要有以下幾項（李允傑、丘昌泰，2009；馬群傑譯，2011；Dunn, 2012）：

1. 提供教育政策績效的資訊，以提升政策品質

　　教育政策評估可提供具有信度及效度的資訊，以作為修正或改善教育政策方案的參考，以提升教育政策品質。

2. 檢視教育政策目標與政策執行的妥適性

　　如果教育政策評估的結果顯示教育政策目標的設定不符實際或推動有所困難時，則必須重新擬定教育政策目標。

3. 釐清教育政策責任的歸屬

　　可以透過科學及客觀的評估報告，釐清教育政策成功或失敗的責任歸屬問題。由此可見，政策評估也具有促進「責任政治」的積極功能。

4. 提供教育決策者、執行者及民眾教育政策相關資訊

教育政策評估結果可提供教育決策者等利害關係人參考，有助於制定更為適切的教育政策，並滿足一般民眾「知的權利」。

5. 作為擬定教育政策建議與分配教育資源的依據

教育政策評估結果，一方面可依評估結果顯示的相關問題擬定教育政策建議，另一方面可作為教育資源分配的重要依據。

此外，政策評估依時間及內容可分為下列兩大類（丘昌泰，2010；劉仲成，2005）：

1. 形成性評估與總結性評估

形成性評估是在政策執行之前或執行過程，為改善政策方案所進行的評估；而總結性評估是政策執行之後，對於該政策方案的整體性評估。

2.過程評估與影響評估

過程評估（process evaluation）是對於執行的政策所實施的評估，評估的目的是希望找出政策或計畫的管理問題，如詢問政策執行是否有產生不良的副作用；而影響評估（impact evaluation）是關於特定方案的最後結果，焦點在於政策結果與目標是否相符。

（二）從公共政策特徵看教育政策評估之必要性[4]

政府賦於公共政策有三項特徵，分別是合法性（legitimacy）、普遍性（universality）及強制性（coercion）（羅清俊、陳志瑋譯，2010）。據

---

[4] 以下關於從公共政策特徵看教育政策評估之必要性，取自本書作者於 2014 年發表於國家教育研究院電子報第 102 期，題目為：從公共政策特徵看教育政策評估之必要性。取自 https://epaper.naer.edu.tw/edm.php?grp_no=1&edm_no=102&content_no=2408

此，教育政策亦具有合法性、普遍性及強制性之特徵。第一，就合法性而言，重大的教育政策因常需經立法程序而形成法令規章，教育人員必須遵守教育法令，故教育政策具有合法性，立法通過後，教師有其法律義務必須遵守。第二，就普遍性而言，教育政策一旦形成並加以執行，則將遍及各級或各類教育，例如某一高等教育政定案施行，則國內各公私立大學院校勢必會受到影響，故教育政策具有普遍性。第三，就強制性而言，教育政策在執行過程，對於標的團體是具有強制力，未能依規定辦理或遵守者，政府將可依法強制處罰，例如學齡孩童未能如期就學者，父母或監護人將受處分。

　　筆者對於教育政策特徵加以闡明，主要是想要引出一個概念，即教育政策制定及執行之影響是至深且廣，不得不慎，而從中更可體悟明瞭教育政策評估的必要性，此乃透過教育政策之前中後評估回饋，可以使教育政策制定更為審慎、更為周延。倘若某一教育政策是決策者前夜所思，然後隔日即告知所屬加以推動執行，那將是相當冒險的政策作為，因為教育政策具有普遍性及強制性，未經慎思熟慮所導致之錯誤的教育政策有可能會危及千萬莘莘學子。另一方面，我們也可以說缺乏政策評估或實驗的教育政策是盲目的，故教育政策評估有其必要性。

　　既然教育政策評估是如此重要，為何國內教育政策評估之實務運作還有努力空間？要回答這個問題，必先了解教育政策評估的相關問題。參酌李允傑與丘昌泰（2009）對於公共政策評估問題之觀點，引申而言，教育政策評估的問題及限制主要為：教育政策方案與實際影響間因果關係不易確定、教育政策影響不易評估、教育政策評估所需資料不易取得、教育政策相關人員未必支持等限制。再者，以時間階段觀之，政策推動前有政治因素，政策執行中有民意左右及學校執行者意願等因素，政策執行後有責任歸屬之敏感性及不易確認等因素，上述種種緣由衍生教育政策評估的困難與侷限。

　　值得一提的是，教育政策既是藝術也是科學，前者表示教育政策有其直觀及創新洞察的一面，後者意涵著統計分析及相關理論對於政策的必要，因此，教育政策評估宜兼顧質性及量化之研究資料蒐集與分析，才不

會使教育政策評估之結論與建議缺乏多元資料支持而過於薄弱或流於主觀政策論述。此外，教育政策評估的方案可以是已完成的教育政策、執行中的教育政策或是正準備執行的新教育政策。

　　總結而言，教育政策是政府對於教育的所作所為，具有合法性、普遍性及強制性等特徵，因而顯現教育政策對教育發展的影響力，故透過教育政策評估之了解分析及回饋修訂是有其必要性，以俾利教育政策發展及國家人才之培育。

〔 參考文獻 〕

王美琴（2009）。**臺北市優質學校教育政策執行之研究**。國立臺北教育大學教育政策與管理研究所碩士論文，未出版，臺北市。

丘昌泰（2010）。**公共政策：基礎篇**。臺北市：巨流。

朱志宏（2002）。**公共政策**。臺北市：三民。

余致力（2003）。**民意與公共政策：理論探討與實證研究**。臺北市：五南。

吳定（2003）。**政策管理**。臺北市：聯經。

吳定（2011）。**公共政策**。臺北市：五南。

吳定編著（2012）。**公共政策辭典**。臺北市：五南。

吳政達（2002）。**教育政策分析：概念、方法與應用**。臺北市：高等教育。

呂亞力（2011）。**政治學**。臺北市：三民。

李允傑、丘昌泰（2009）。**政策執行與評估**。臺北市：元照。

李國芳（2008）。**國民小學校長執行性別平等教育政策現況之研究：以高高屏地區為例**。國立臺南大學教育經營與管理研究所碩士論文，未出版，臺南市。

林文文（2010）。**國民小學校長權力運用與教師抗拒變革之研究：以教師專業發展評鑑政策推動為例**。逢甲大學公共政策研究所碩士論文，未出版，臺中市。

林水波、張世賢（2008）。**公共政策**。臺北市：五南。

林棟樑、張憲庭（2006）。中小學校長主要職責及應備專業知能之研究。**學校行政，42**，37-51。

翁福元（2009）。**教育政策社會學：教育政策與當代社會思潮之對話**。臺北市：五南。

翁興利等編著（1998）。**公共政策**。新北市：空大。

袁振國主編（2010）。**教育政策學**。臺北市：高等教育。

馬群傑譯（2011）。**公共政策分析**。W. N. Dunn原著。臺北市：台灣培生。

張明貴（2005）。**政治學的第一堂課**。臺北市：書泉。

張明貴（譯）（2005）。**公共政策的制定：過程與原則**。L. N. Gerston原著。臺北市：五南。

張芳全（2001）。**教育政策導論**。臺北市：五南。

張芳全（2004）。**教育政策分析**。臺北市：心理。

張芳全（2006）。**教育政策規劃**。臺北市：心理。

張素貞（1999）。校長在職的專業成長與學校經營。**教育資料與研究，29**，20-22。

陳恆鈞譯（2001）。**公共政策**。J. P. Lester & J. Stewart JR. 原著。臺北市：學富文化。

黃文豪（2008）。校長領導之意義：國小校長的觀點。**花蓮教育大學學報，24**，45-75。

黃旭鈞（2009）。教育領導與教育政策脈絡。**教育研究月刊，181**，66-88。

劉仲成（2005）。**教育政策與管理**。高雄市：復文。

蔡進雄（2012）。教育政策問題的特徵：以人才培育為例。**國家教育研究院電子報，50**。取自 https://epaper.naer.edu.tw/edm.php?grp_no=2&edm_no=50&content_no=1413

蔡進雄（2013）。教育政策的階段論與反階段論。**國家教育研究院電子報，57**。取自 ttps://epaper.naer.edu.tw/edm.php?grp_no=2&edm_no=57&content_no=1591

蔡進雄（2013）。國內教育政策碩博士論文研究之概述。**國家教育研究院**

電子報，**58**。取自 https://epaper.naer.edu.tw/edm.php?grp_no=2&edm_no=58&content_no=1606

蔡進雄（2014）。從公共政策特徵看教育政策評估之必要性。**國家教育研究院電子報，102**。取自 https://epaper.naer.edu.tw/edm.php?grp_no=1&edm_no=102&content_no=2408

謝棟梁（譯）（2000）。**政策研究方法論**。A. Majchrzak 原著。臺北市：弘智文化。

顏國樑（1997）。**教育政策執行理論與應用**。臺北市：師大書苑。

顏國樑（2010）。**教育法規**。高雄市：麗文文化。

魏鏞（2004）。**公共政策導論**。臺北市：五南。

蘇偉業譯（2010）。**公共政策入門**。K. B. Smith & C. W. Larimer 原著。臺北市：五南。

Dunn, W. N. (2012). *Public policy analysis*. Upper Saddle River, N. J.: Pearson Prentice Hall.

Dye, T. R. (2002). *Understanding public policy*. Upper Saddle, N. J.: Prentice-Hall.

Fowler, F. C. (2009). *Policy studies for educational leaders: An introduction* (3rd ed.). New York: Pearson Education.

Jones, C. O. (1984). *An introduction to the study of public policy*. Monterey, Calif: Brooks/Cole.

Kaplan, A. (1973). On the strategy of social planning. *Policy Science, 4*, 41-61.

Peters, B. G. (1986). *American public policy: Promise and performance*. London: Macmillan Education.

理論篇

第二章

政策論述的意涵類型及其對教育政策制定的啟示：
兼談新課綱政策的論述

壹、前言

一項社會問題是否受到關切，除了受到決策者視野、相關社群行動者的認知影響之外，有效的政策論述亦是不可或缺的要素（陳恆鈞、林原甲，2005）。政策論述不僅能在教育政策制定的過程當中，仔細且反覆地解讀出一個政策的原貌，也能在教育政策執行遇到難題時，提出有效合理的解決方案（吳汶瑾，2008）。Fox 與 Miller 亦指出由上而下的問題解決模式將為多元對話的平等模式所取代，以溝通行政（communitive administration）取代命令行政（command administration）（林水波，2001）。此外，政策問題的爭議主要來自於政策價值的堅持和順應民意從善如流的考量，而只有從政策論證正反陳述的技術理性到政策論述互動的溝通理性，才能夠在政策過程中化解衝突意見，提出更多元及可信賴的政策方案並裨益於決策者的政策選擇（魯炳炎、林玥秀、吳碩文，2010）。職此之故，政策論述在教育政策的制定及執行過程就扮演著重要的角色。

政策透過論述建構政策內涵中的多元樣貌，在論述中亦可見政策參與者及決策者間的互動情形（吳汶瑾，2008）。然而，國內公共論壇偏於強調對立和極端的觀點，客觀、理性的意見往往遭到忽略，較缺乏耐心對複雜的變數做進一步的分析，以及選邊表態而非解決問題等，使得公共論述趨於淺薄化（聯合報社論，2014）。質言之，合理的政策論述，是制定良善政策、促使政策成功的先決條件，故政策論述在政策過程中具有關鍵的地位，並已成為公共政策新興的重要研究課題（林水波、王崇斌，1996）。基於此，本文首先探討政策論述的意涵，其次探析政策論述的類型、影響教育政策論述的原因，之後闡述政策論述對教育政策的啟示，最後兼論新課綱政策的論述面向，以供教育政策實施及新課綱推動之參考。

貳、政策論述的意涵

英文「policy discourse」一詞有人翻譯為政策對話（吳定，2011），

而也有學者翻譯爲政策論述（陳恆鈞、林原甲，2005），本文採用「政策論述」一詞爲主。

White 認爲政策論述是源於詮釋學派興起之後，Dryzek 於 1990 年陳述政策論述係強調在民主政治中，平等互動與溝通的重要性，唯有透過眞誠的溝通，商議式（deliberative）的政策思辨與對話，才能建立共識的政治文化（吳定，2012）。吳汶瑾（2008）指出政策論述不僅能幫助政策分析者及政府官員做出有效的決策，民眾也可以透過眞實正確的論述去理解政策。

丘昌泰（2010）也表示公共政策是政治語言的運用，唯有進行語言的分析與言詞的辯論，眞理才能愈辯愈明，如此才能出現有利於民眾的公共政策。吳定（2011）認爲傳統的政策分析比較注重實證論的研究途徑，而最近因受到各種思潮的影響，例如 Kuhn、Habermas 及後實證論等，使得政策分析的理論及實務產生了迥異的觀點，其中視政策分析爲論述的概念即爲其中的代表。

林水波與王崇斌（1996）指出在政策制定過程中，舉凡政策問題的認定、政策方案的推介及設計、政策方案的選擇與政策決定等都涉及多元的當事人（agents），在不同的場合及時機都可以經由不同的管道陳述信念，發諸議論，指陳立場及表達利益，試圖影響政策制定的方向。大體而言，上述這些政策行爲者的參與行爲，就是一般所謂的政策論述行爲。吳汶瑾（2008）表示政策論述（policy discourse）是探討一個公共政策的過程中，政策關係人所提出的論述及這些論述語言所扮演的角色。

總的說來，政策論述是在政策制定過程，政策之利害關係人所進行的多元論述，藉以增進對政策的理解而有助於政策的制定與實施。

參　政策論述的類型

MacRae 將政策論述（policy discourse）區分爲兩種類型，如表 2-1 所示，一種爲共識型政策論述（consensual discourse），另一種爲衝突型政

策論述（adversarial discourse），前者是論證者具有共同的目標與價值（如集體處理一項問題），論證者最重要的工作是辯護使其政策主張能夠正當化，專家則協助民眾進行政策討論與分析，以及進行政策方案選擇；而後者則是價值與目標是衝突的，如核能發電之政策，學者專家、立法委員、政府官員與民眾的看法可能均不相同，在衝突對談中，論證者最重要的是說服（persuasion）那些與他有不同看法的民眾（丘昌泰，2010；林子倫，2008）。

表 2-1　共識型論述與衝突型論述之比較

	共識型論述	衝突型論述
參與者的型態	看法、志趣相同，且有共同目標和價值	敵對且衝突
目標與目的	推出理性的建議選擇，對價值與問題做進一步處理	說服他人，以達到自己建議方案的實現為主要
評估標準	詳細列舉	儘量提出有利於自己的建議，並強調其重要性
備選方案選擇	多樣選擇的提供	避免相類似的方案選擇
資訊的蒐集	完整蒐集，且分析批判	選擇聽眾願意聽且支持的事實
量化使用	使用量化，並以完整資訊蒐集為輔助	為了生動表達自己的論述，儘量避免廣泛使用

資料來源：陳恆鈞、林原甲，2005：7。

　　White（1994）則認為政策論述包括分析性論述（analytic discourse）、批判性論述（critical discourse）及說服性論述（persuasive discourse）三種，闡述如下（吳定，2010；林水波，2001；陳恆鈞、林原甲，2005）：

一、分析性論述

　　分析性論述主要以建立資料的可信度為基礎，目的在對真實世界有完整的了解。為達成此一目的，分析家應對多元觀點和資訊進行蒐集，並運用科學的研究途徑（陳恆鈞、林原甲，2005）。分析性論述的中心概念為

多元論（multiple），此項論點主張政策分析應從以下數方面努力（吳定，2010）：(1) 多元的概念定義；(2) 多元的研究方法；(3) 對單一主題的多重研究；(4) 對各種廣義上相關研究的非正式綜合；(5) 多元因果模式的建立；(6) 進行對立假設的檢測；(7) 多元利害關係人的參與；(8) 多元理論與價值架構；(9) 多元分析家的倡導；(10) 多元標的團體的研究。基於上述的多元內容，分析性論述有賴科學程序及適當證據的使用，以解決程序上的差異（吳定，2010）。

二、批判性論述

批判性論述以批判理論為根基，反對客觀知識的存在，不接受「存在即是合理」的先決立場，打破在既存秩序中的委屈求全（林水波，2001）。批判性論述較分析性論述更具自主意識和強調價值的問題，不單單只是針對真實世界做完整的了解（陳恆鈞、林原甲，2005），故批判的論述分析能夠解析權力與控制的運作，對意識型態進行批判的分析（蘇峰山，2004）。

三、說服性論述

說服性論述主張行動者在決策過程中，很難中立的提供相關服務，而是藉由資訊交換，關心議題，是以在政策的陳述過程中，可以採用說服策略改變他人想法，因此，說服性論述的分析探討中需要了解行動者如何發展本身的看法，以及態度改變（陳恆鈞、林原甲，2005）。再者，說服性論述認為政策是由各種利益交織而成的非正式網絡所決定的，政策領域是植基於分享資訊及了解的共同基礎之上（吳定，2010）。

表 2-2 歸納整理了此三種類型的比較，值得參考。由此表可以清楚知道三種論述類型各有其理念、政策設計基礎及主要論述。

表 2-2 政策論述類型的比較

論述類型 比較面向	分析性論述	批判性論述	說服性論述
理念的角色	不同理念的陳述	對主流理念的挑戰	對理念的形塑
政策設計的基礎	建立在資訊的可信賴度和可接受度上	反映擁有制度權力者的利益	論述者的遊說和聯盟的建立
主要論述	證據（evidence）	價值（value）	理由（reason）
理性	技術理性	價值理性	政治理性

資料來源：林水波，2001：69。

肆 影響教育政策論述的原因

影響教育政策論述的原因或因素，可從論述者的角色、體制環境及知識和理論等三方面加以闡述（吳汶瑾，2008；林水波，2001）：

一、論述者的角色

（一）身分與地位

愈居於體制核心位置者，其發言分量愈重，愈容易成為眾所矚目的焦點。一般人都會敬重有特殊地位或傑出成就的人，其意見及觀點也會產生不同的效果（林水波，2001）。

（二）動機與利益

擁有身分與地位的人，居於某項專業或不斷推動某項政策主張者，若能同時建構得以讓人認同的動機與利益，則能影響論述的效度與信度。再者，論述所要求的動機與利益不能只求一方的利害，如能站在全體共同的利益，則能為政策主張建構有力的論述（林水波，2001）。

二、體制環境的因素

問題並非孤立存在，體制環境有其制約性（林水波，2001）。事件本

身是否有意義，必須將其置於環境脈絡中來看待，隨著不同的歷史背景和系統脈絡位置，人們會對於各個事件抱持著不同的價值認定（吳汶瑾，2008）。例如國內高等教育政策隨著社會變遷及全球化環境趨勢，並受相關體制的影響而有不同的發展方向。

三、知識和理論的影響

在教育政策領域中，知識與理論為論述的材料，若要加強議題論述的完整性，加速問題的解決，則必須透過知識與理論來進行（吳汶瑾，2008）。知識創造可以改變原來的認知，使論述化不可能為可能，知識散布可造成知識的普遍化，促進論述的理解與溝通，知識應用則可以強化論述的理論根基，增強說服力（林水波，2001）。

伍 政策論述對教育政策的啟示

以下從「體認三種論述類型的優點及侷限」、「多方論述方式有助於教育政策制定及執行」、「了解完整教育政策論述的重要面向」闡述對教育政策的啟示。

一、體認三種論述類型的優點及侷限

前述表 2-2 是三種論述類型的比較分析，簡言之，White 所提出的三種論述類型，比起 MacRae 等人的論述分類，更符合真實的社會情境。其中分析性論述較接近傳統的政策分析，批判性論述指出存在於傳統政策研究中的結構性偏誤（structure bias），而說服性論述則協助將政策分析的實務與政策機會兩者連結起來（林子倫，2008）。事實上，此三種類型的論述各有其優點及侷限，而且各學者專家的主張也有所差異。例如吳定（2011）認為三種論述型態中以分析性的論述比較能符合政策分析所需，也比較常被採用，其理由是：(1) 分析論述不僅採用多元觀點，且並用科學方法可增加可信度；(2) 分析的方法雖不免有產生結構性偏差的可能，但相較於其他兩種觀點仍較為可取；(3) 分析的論述關心政策變遷過程中，

政策分析所扮演的角色，但不會偏於政策企業家或價值面向。但另一方面，游美惠（2000）則表示在繁複的資料蒐集和分析過程中，不應該對任何事物都強加分類量化，更不應該仰賴電腦找出「漂亮結果」，我們不應是一個疏遠且對現實漠不關心的，而是有觀點、有立場的多元文化主體。此外，研究結果過度講求理性及科學驗證的情況下，容易造成決策的單向性（吳汶瑾，2008）。胡滌生與魯炳炎（2006）也力陳政策科學是一跨科際領域的學門，需要整合質性與量化的研究，藉以整合論證與論述的運用。

質言之，分析性論述能忠實反映現況，刻意屏除主觀干擾；批判性論述在於挑戰現況，惟流於缺乏建設性的討論；說服性論述則重視論述偏好的交流，但缺乏邏輯論證的支持（吳汶瑾，2008）。總結說來，此三種論述各有其優點及侷限，吾人必須先明瞭三種論述的意涵及強調重點，才能妥善運用教育政策論述以協助教育政策的研擬及行銷。

二、多方論述方式有助於教育政策制定及執行

教育政策論述是透過不同形式傳達各種觀點，存有多元價值及多元論證的重要特色（吳汶瑾，2008）。而基本上，分析性論述、批判性論述及說服性論述三者是可以同時使用，彼此印證，因而有助於教育政策制定與執行。林水波（2001）也認為在政治場域中，這三種論述形式不具互斥性質，是可以交互使用的。Smith 與 Larimer 亦指出政策分析的理性主義途徑可能是非意欲地較有助於達成後實證主義計畫的目的（蘇偉業譯，2010）。

此外，基於 White 認為政策論述包括分析性論述、批判性論述及說服性論述，故廣義的政策論述應包含了偏向量化的分析性論述或政策論證，因此，吾人應體認多方論述方式有助於教育政策制定及執行，而能靈活運用多元的論述方式。

三、了解完整教育政策論述的重要面向

政策論述並非天馬行空的漫談，如果政策論述要運用到實際的教育

政策制定之決策過程中，就必須發揮其應有的條件（吳汶瑾，2008）。Rochefort 與 Cobb（1993）主張一個完整的政策論述應包括以下幾個問題：第一、不幸的社會情勢是如何形成的？第二、問題的重要面貌為何？與其他問題有何差異？第三、標的團體的屬性為何？第四、適當的解決方案為何？是否可行？（引自吳汶瑾，2008）。陳恆鈞與林原甲（2005）陳述有效政策論述的三項要件為：(1) 培養論述認知及能力，以期呈現具有真實性與正確性的陳述內容；(2) 建立可信論述原則，獲得參與者的政策支持；(3) 發展具影響力論述結構，以構築問題建構與議程設定之間的橋梁。

　　由上述可見，教育決策者及分析者宜了解完整教育政策論述有許多的重要面向，而非以單一面向能理解具複雜性的教育政策。

陸　結語：兼論新課綱政策的論述

　　為釐清教育政策的全貌，教育政策論述應加入多元觀點、理論與技術的使用（吳汶瑾，2008）。從本文所一再引註及闡述 White 對於政策論述的三種類型中，我們得知分析性論述、批判性論述及說服性論述均是教育政策制定或行銷不可或缺的基礎，是故在十二年國民基本教育課程綱要實施的同時，宜從新課綱政策之分析性論述、批判性論述及說服性論述等多面向加以努力。

　　詳言之，在分析性論述方面，應對新課綱之課程教學透過多元研究途徑及以證據為本探析下有完整性的了解。在批判性論述方面，應能分析權力及控制的運作，並對新課綱意識型態進行批判。在說服性論述方面，在新課綱政策的陳述過程中，應了解中小學教育人員是如何發展對新課綱的看法及其對新課綱的態度為何，並採用說服策略以改變教育人員的想法，亦即透過合理說服以使中小學第一線教師能接受並支持新課綱之課程教學。更確切地說，新課綱政策之實踐過程，宜兼採分析性、批判性及說服性等多元而非單一面向論述，如此將會使新課綱之執行推動更能有效達成政策目標。

﹝參考文獻﹞

丘昌泰（2010）。**公共政策：基礎篇**。臺北市：巨流。

吳汶瑾（2008）。**台灣國小英語教育變遷過程之政策論述分析**（未出版之碩士論文）。國立臺北教育大學，臺北市。

吳定（2011）。**公共政策**。臺北市：五南。

吳定（編著）（2012）。**公共政策辭典**。臺北市：五南。

林子倫（2008）。台灣氣候變遷政策之論述分析。**公共行政學報，28**，153-175。

林水波編著（2001）。**公共政策新論**。臺北市：智勝文化。

林水波、王崇斌（1996）。公共政策論述的倫理。**中國行政評論，6**(1)，1-26。

胡滌生、魯炳炎（2006）。高雄港自由貿易港區之產業引進政策論證分析。**航運季刊，15**(1)，83-114。

馬群傑譯（2011）。**公共政策分析**。W. N. Dunn原著。臺北市：台灣培生。

陳恆鈞、林原甲（2005）。政策論述思考架構之探討。**T&D飛訊，38**，1-19。

游美惠（2000）。內容分析、文本分析與論述分析在社會研究的運用。**調查研究，8**，5-40。

魯炳炎、林玥秀、吳碩文（2010）。從政策論證的技術理性到政策對話的溝通理性：民宿管理政策個案分析。**中國行政，82**，1-22。

蘇峰山（2004）。論述分析導論。**教育社會學通訊，54**，18-31。

蘇偉業（譯）（2010）。**公共政策入門**。K. B. Smith & C. W. Larimer原著。臺北市：五南。

聯合報社論（2014年7月23日）。正視臺灣公共論壇的淺薄化與幼稚化。**聯合報，A2**。

Rochefort, D. A., & Cobb, R. W. (1993). Problem definition, agenda access, and policy choice. *Policy Studies Journal, 21*(1), 56-71.

White, L. G. (1994). Policy analysis as discourse. *Journal of Policy Analysis and Management, 13*(3), 506-525.

第三章

證據為基礎的教育政策探析

證據為基礎的政策制定可視為對複雜性問題的回應。

～馬群傑譯，2011

平時研究及證據的蒐集累積是教育政策推動的重要基石。

～本文

壹 前言

　　所謂教育政策是為了解決教育問題或滿足民眾對教育的期待，政府的作為或不作為，又因為教育政策的訂定及推動具有規範性及強制性，且關乎有限教育資源的分配，故教育政策的規劃及制定宜慎思熟慮，不可冒然執意行動，否則易衍生更多的教育問題。陳敦源與呂佳螢（2009）表示公部門的運作及改革影響深遠，與個人婚姻選擇或理財，甚至與企業投資決定，都有著極大的不同，而藉由以證據為基礎（evidence-based）的論述可爭取民眾支持及提高政策推動的合理性。再者，一個嚴謹、有證據支持的研究發現，較具有說服力，能破除舊有迷思、拋棄舊有假設，重新思考相關議題，對於教育政策發展有其重要性（甄曉蘭，2011）。教育政策決策模式主要有菁英主義模式、團體理論模式及多元參與模式（吳定，2012），但政府有時太過重視取得各種利害關係人和利益團體之共識，反而忽略證據的實質重要性（鄭國泰，2008；Leicester, 1999），而無論是知識為基礎的決策或是證據為前提的政策規劃，其目的均在增加政策的正當性及可行性，並能適時檢討反饋（鄭國泰，2008）。此外，新世紀的政府所面臨到的問題之複雜程度比以往更高，因此更需要自然與社會科學家的系統性研究，以促使政策的推動，故證據為基礎的政策制定可視為對複雜性問題的回應（馬群傑譯，2011）。

　　各國政府由於教育改革與提升國際競爭力的需求，開始邁向證據本位的政策取向，希望奠基在科學研究的基礎上，提供對解決現今教育問題之

可行及有效政策（洪雯柔、葉玉賢，2012）。質言之，教育政策應有厚實的理論與實證研究為基礎（謝文全，2009）。傳統的教育政策規劃有下列幾種現象：(1) 教育行政首長一人就形成教育政策，亦即以直觀式、個人見解或個人經驗形成教育政策；(2) 教育行政機關單獨決策，並沒有接納其他行政部門的建議；(3) 教育政策規劃並沒有掌握科學、客觀及嚴謹的分析，僅以少數人的論斷作為教育政策規劃的依據。職此之故，有些教育政策執行後並沒有真正解決教育問題（張芳全，2006）。諾貝爾經濟學獎得主 Kahneman 將人類思考模式分為系統一及系統二，系統一是衝動與直覺，系統二是理性與小心，為避免衝動及直覺的錯誤，Kahneman 鼓勵人們多採系統二的思考模式（洪蘭譯，2012）。因此，為避免依首長或主管以個人直覺形成教育政策所造成可能之負面結果，故教育政策規劃並不能完全仰賴個人的直觀或主觀價值判斷，還需要客觀的證據事實資料協助教育政策的制定，因為沒有證據為基礎的教育政策決定是冒險的，故以證據為基礎的教育政策有其重要性。換言之，教育政策的制定宜融合客觀事實與主觀價值判斷，才能透過教育政策之推動執行有效解決教育問題，並引導教育發展與進步。

　　追溯以證據為基礎的起源主要是來自醫學，之後管理學亦有學者倡導證據為基礎的管理（或翻譯為循證管理）。Pfeffer 與 Sutton 認為證據為基礎的管理之基本前提是盡最大的努力，使用更好、更深入的邏輯觀和事實來做事，這將使領導人的工作做得更好、更為完善（蔡宏明譯，2010）。在教育界方面，證據為基礎的實務（evidence-based practices）緣起於美國 2001 年《不放棄任何一個孩子法案》（No Child Left Behind Act，簡稱 NCLB），其旨在確保所有學生都擁有公正、平等和顯著的機會，以獲得高品質的教育，至少在基本的學業成就上要達到精熟的程度。該法案也強調教育計畫和實務需以科學研究為基礎（scientifically-based research），如此才能獲得良好的教育成效（鈕文英，2010）。以教育政策而言，吾人在提出重要政策時，應該有妥當而合理的立論，並且最好有證據或充分的資訊作為基礎，不可對政策方案過度樂觀的想像或一廂情願的結果認定（林水波，2011）。易言之，以科學化的規準進行教育研究，獲得證據並加以

有效應用，成爲教育改革言說轉化爲行動與實施的必要做法（陳明印、單文經，2005）。但整體而言，教育政策規劃與教育研究或證據的連結關係是薄弱、鬆散及疏離的，故仍有努力的空間。如甄曉蘭與李涵鈺（2009）研究發現，臺灣有關偏遠學校的補救措施，由於缺乏以證據爲導向的政策研究，較少從學校的角度審視偏遠學校的實際需求，造成「想要的要不到、不要的一直給」的現象。基於上述，本文即探析證據爲基礎之教育政策的內涵、問題及實踐等，以供教育相關單位之參考。

貳 證據爲基礎的內涵

「evidence-based」一詞，國內有人翻譯爲「證據爲基礎」，也有人譯爲「實證爲基礎」、「證據本位」或「循證」等，本文則採「證據爲基礎」一詞，行文中如有引用其他文獻則儘量參酌原作者之用詞。此外，也有研究者採「資料導向決策」（data-driven decision making）一詞來探討科學方式的資料蒐集（林其賢、高薰芳，2009；Bernhardt, 2009; Mandinach & Honey, eds., 2008）。

林文達（1988）陳述證據爲客觀存在的事實，爲經觀察、試驗或經其他科學措施而確認者。Nutley 認爲證據的定義相當廣泛，舉凡專家知識、研究報告、統計資料、利害關係人諮詢、政策選項之成本經濟等均屬之（鄭國泰，2008）。葉連祺與張盈霏（2001）定義證據爲經由多種途徑或方式所獲取或產生符合需求的資料，使用者可據以決策和導引行動。對於實證爲基礎的探究，實證醫學起步較早。所謂實證醫學是一種以流行病學及統計學的方法，從龐大的醫學資料中過濾出值得信賴的部分，嚴格評讀、綜合分析，將所能獲得之最佳研究證據（evidence）、臨床經驗（experience）及病患價值（expectation）整合後，以制定最佳的醫療決策之方式，並能協助醫護人員終身學習（引自陳杰峰、蔡宛眞、邱文達，2004）。

賴志峰（2004）指出證據本位教育政策可以定義爲教育政策、目標、選擇及結果是以證據爲依據，這些證據符合科學的嚴謹、系統和客觀之特

徵，而教育政策之制定注重專業智慧和實證證據的整合，教育政策與研究能緊密連結，以使教育政策具有最大的可行性。陳恆鈞與黃渾峰（2009）認為以證據為基礎的政策制定係指決策應以證據（evidence）為基礎，而這些證據主要蒐集來自研究及相關資料（包括知識與資訊）。此外，孫頌賢（2009）陳述人類認知歷程可分成由上而下取向（top-down approach）及由下而上（bottom-up approach）兩種，前者強調在界定及詮釋問題時，先有認知或知識架構，但後者強調先拋開原有的認定與假設，藉由在該脈絡情境下進行資料蒐集，進而形成對現象或問題的認知歷程。資料導向即是偏向後者，強調藉著多元化與科學化的資料蒐集，深入了解發生問題的情境背景，以重新界定該解決的問題。Bernhardt（2009）則指出資料導向決策是使用資料以改善教與學的過程。陳紹賓（2009）認為資料導向決定係指決定人員針對組織目標或問題，採取資料蒐集、儲存、分析及回饋等歷程，將相關資料轉化為決定時可以有效參考資料的決定方式。黃旭鈞（2011）表示資料導向決定係指不同層級的教育人員能有系統地蒐集、組織、分析及應用資料，在充裕的資訊支持下作專業判斷和適切的決定。

　　總括說來，狹義的證據是指量化之統計資料，廣義的證據則包括量化及質性資料，而證據為基礎的教育政策則可定義為係指以多元的方式探究及蒐集不同資料，並以具有品質的資料為基礎，從中形成及制定教育政策。

參　為什麼教育政策要以證據為基礎？

　　從各國對於教育研究評鑑的分析可以發現教育研究普遍的缺失：研究不夠嚴謹、教育研究與教育實務不相干、流於抽象理論的論辯與無法提供科學證據作為教育決策的依據（洪雯柔、葉玉賢，2012），是故現今教育政策相當需要可靠有效的證據為基礎，如此才能做出更具品質及正確的教育決策。證據為基礎在醫學、管理學、公共行政及教育學等不同領域已廣泛地被探討及應用（Bridges, et al., 2009; Cipani, 2004; Franco, 2003; Hewison, 2004; Leicester, 1999; Pawson, 2006; Pfeffer & Sutton, 2006; Rathvon, 2008; Shahjahan, 2011），以證據爲基礎之醫學會詢問：「這些醫療過程被證明能促進健康嗎？」在教育界，家長及納稅人則會問：「這些教育措施運用在學校確實有效能、有效率嗎？」（Moran, 2004）以下則從「使教育政策具合理性及正當性」、「以程序正義爲基礎，達成實質正義之目的」兩方面敘述教育政策宜以證據爲基礎之理由。

一、使教育政策具合理性及正當性

　　教育政策的作爲或實施如果缺乏確切的證據，往往無法獲得教育實務人員的認同與支持，因而造成政策推行上的障礙，部分教育政策的作爲或實施，與其說是基於嚴謹的證據，不如說是本於少數人的意見或習慣（王麗雲，2006）。基本上，只根據理論、專家意見和主觀評估，尚未經過實證方法驗證的介入方案，有可能是無效的方案（鈕文英，2010；Brown-Chidsey & Steege, 2005）。

　　教育決策之動作絕非權力的展現，而是必須基於理性之分析與對相關變數之掌握（秦夢群，1997）。以證據爲基礎的教育政策能轉變教育實務，並促使教育進步（Slavin, 2002）。具體來說，教育具有專業性，因此，教育行政及政策之各項作爲應該植基於專業之基礎上，才能更爲有效達成教育目的，故具有信效度之嚴謹證據可使教育政策或教育改革更有合理性及正當性，而不是僅憑一人之見或碰運氣之冒險心態。

二、以程序正義為基礎，達成實質正義之目的

　　程序正義是指在決策過程中，不同利害關係人的意見均能得到表達之機會，最後將可增加政策產出的實質正義（鄭國泰，2008）。易言之，證據可以幫助我們澄清問題所在，而問題如能獲得解決，則能減少負面影響而有較佳的教育成果（Fleischman, 2011）。教育變革也有一種研究（research）、發展（development）、傳播（diffuse）及採納（adoption）的實徵理性策略，其目的不僅可以有計畫的連結研究與實務關係（Owens & Valesky, 2011），還可以讓教育政策在制定教育變革措施具合理性，亦

即教育政策宜以計畫式的研究發展程序過程為基礎。

　　循證領導重視任何行動取決之前的循證過程，不輕率相信現成說法，不進行說服力不強的詭辯，不憑空胡扯或聽信傳聞，既重視程序正義的講究，又強化實質正義的追求（林水波，2012）。準此，教育政策的規劃、執行與評估若能以證據為基礎，廣泛且深入蒐集相關資料，則不僅符合程序正義，藉此更可有效達成最後結果之實質正義。

肆　以證據為基礎之教育政策所面對的問題

　　Leicester 於 1999 年指出以證據為基礎的公共政策必須面臨「七大天敵」的挑戰（鄭國泰，2008；Leicester, 1999）：(1) 官僚思維邏輯，採一貫性做法；(2) 設定底限的思維邏輯，即囿於過去的底限和經驗；(3) 太過於著重取得各種利害關係人和利益團體的共識，而非著重在證據的取得；(4) 政治力的干預，使得公共政策變成政治決策；(5) 文官文化重視年資和經驗，自視過高，無視外在的研究結果和證據；(6) 鄉愿和犬儒的思維邏輯，而無法信任智識和教育之效能；(7) 在決策者的時間及有限能力下，無法也不願意投入營造證據為基礎的政策。Pfeffer 與 Sutton 表示實踐循證管理的路障為使用資料會改變權力的動能和結構、人們通常不願意聽真話，以及紊亂又沒有效率的企管知識市場（蔡宏明譯，2010）。Dunn 指出雖然有些人認為以證據為基礎的政策制定是邏輯實證論（logical positivism）的延續途徑，將會損及公共政策與民主問題，不過這個負面評價是否為確切的推論，至少到目前為止，其答案尚未明朗化（馬群傑譯，2011）。國內林文達（1988）表示學院知識論斷雖沒有充足證據證驗，但也缺乏反對證據，因而在教育政策上奠定長久穩固的基石，故未能以科學論證從事教育規劃的部分，仍得藉主觀論斷來進行。秦夢群（1997）陳述教育決策既是科學也是藝術，前者強調按部就班的分析問題，後者主張直觀的重要性，教育領導者宜依組織文化或情境採用科學或藝術取向的教育決策。賴志峰（2004）指出證據本位的教育政策強調經實證有效的教育政

策，可為教育政策注入新的活力，但仍有其限制：首先是強調實證，有排除或不重視非實證研究之傾向，恐引起典範大戰；其次是證據本位醫學的觀點是否能全盤移植至教育情境，仍有待釐清；第三是某人的證據可能是其他人眼中的胡說（nonsense）；第四是隨機化控制試驗過於簡化因果關係，與真實世界的運作不相稱；第五是證據本位的教育政策之內涵，到目前為止的發展尚未形成完整的理論。

鄭國泰（2008）陳述證據為基礎的政策研究遭受到的反對聲浪主要來自文官，因為他們認為證據為基礎的架構太過理想，因據證的蒐集過程有其困難度，且又要花時間消化所蒐集的資料成為有用的證據，此外也有可能會加重其工作負荷。陳恆鈞與黃渾峰（2009）指出以證據為基礎的政策制定之障礙因素大致有：(1) 證據應該包括哪些項目的問題；(2) 決策者對證據的偏好；(3) 政策問題演化造成循證政策制定甚難操作。謝進昌（2010）表示在以系統性評閱與後設分析策略，建立以實證為本教育理念上，有其重要性，但也可能面臨一些困境，包括：(1) 資料蒐集費時、費力，無法提供足夠的證據；(2) 後設分析研究品質不一，降低證據之可信度；(3) 連續性研究資料累積的困難，無法提供即時更新的證據；(4) 後設分析研究中的出版偏誤與語言偏誤。

綜合上述，以證據為基礎之教育政策所面對的問題，主要可歸納以下幾項：

1. 教育政策制定者的認知及決策風格因素，有些教育政策制定者重視證據或研究成果，有些則忽略或等不及需要時間蒐集的證據而直接進行教育政策規劃。

2. 各類整合型教育資料庫的缺口甚多，且盱衡國內有關教育政策的研究都是較為片斷、零散，此為實踐以證據為基礎之教育政策的困境之一。

3. 研究品質及客觀性需要不斷提升，否則就有可能會誤用證據，形成偏頗的教育政策方案。此外，教育政策規劃與教育研究的連結合作關係仍有努力的空間。

4. 教育政策制定不僅要依科學研究及數據，還涉及不易量化的價值

面向，以及政治、財政、意識形態和時效性等因素，故教育政策制定要完全以證據爲基礎有所困難。

伍 如何實踐以證據爲基礎的教育政策？

　　綜合有關證據爲基礎之相關理論及文獻，以下從「形成重視證據的教育政策文化」、「建立整合教育資料庫」、「進行小規模的教育實驗或試行」、「進行長期性及系統性的教育研究」、「促進學術研究社群與教育政策制定者的連結合作關係」及「多元視野的交融」等方面闡述如何實踐以證據爲基礎的教育政策。

一、形成重視證據的教育政策文化

　　政策研究與應用間存在著差距，研究也發現行政機關低度應用委託研究（趙達瑜，1998），因此，證據爲基礎之政策管理理念若要加以落實，則應融入於組織文化之中，並去除意見本位或經驗本位的弊端，形成證據爲基礎的決策（葉連祺、張盈霏，2001）。傳統之教育政策制定往往是取決於少數決策者的意見和價值，是故吾人應該逐漸建立以證據或研究爲基礎的教育政策文化，各層級教育政策制定者對於教育政策宜以證據爲基礎。總之，唯有形成重視證據的教育政策文化，以證據爲本的教育政策才會持續進行及深耕。

二、建立整合教育資料庫

　　教育組織有目標模糊及結構鬆散的特性，因此如何在決策時，達到理性之模式，實有賴於多元且足夠的資訊之提供，方能反映問題並圓滿解決問題（張奕華、彭文彬，2012）。林其賢與高薰芳（2009）也指出校長進行各項決策領導時，應廣泛蒐集有效資料，避免僅靠個人或少部分人之主觀與經驗進行決策，故資料庫導向決策則可提升決策之品質與合理性，學校層級資料導向決策系統內容可包含學校方案資料、觀點見解資料、校內資源分配、學生學習資料、社會資源分配、教師基本資料及人口統計資料

等。謝文全（2009）力陳吾人應建立完善的教育政策資料庫並適時更新，以便隨時提供充分的資訊，協助做出周全的政策。林志成（2012）亦表示教育行政機關宜建立各種資料庫，使決策能立基於必要而充分的資料與資訊。陳紹賓（2009）的研究指出資料導向決定是一種強調透過資料蒐集、分析的歷程，提供有效的資料來協助決定人員更加精準地掌握問題關鍵以做出更有效能的決定，研究結果並發現資料導向決定之應用可輔助校長在願景領導歷程中，依據有效資訊做出適切的決定。

　　過去十幾年內，國內陸續成立或參與的國內外教育資料庫包括臺灣教育長期追蹤資料庫（TEPS）、臺灣學生學習成就評量資料庫（TASA）、臺灣高等教育整合資料庫（TIPED）及國際數學與科學教育成就趨勢調查（TIMSS）等（謝進昌，2011）。上述資料庫之目的及功能或有不一，但可作為教育相關政策制定之重要參考，未來國內宜再積極開拓不同教育階段之整合型教育資料庫，以供教育政策擘劃之參考。然因具規模的教育資料庫需要專業人力及經費的投入，故宜由公部門支持才能長期持續經營及建置。

　　長期教育資料庫對教育發展是有其必要性的（Maurice, 2013），憑偏頗意志來決策，有違證據為基礎管理之精神，吾人宜對不具證據支持的決策，提出有品質證據支持的改進意見（葉連祺、張盈霏，2001），而整合性、系統性及長期追蹤性的教育資料庫是證據的重要來源。然國內關於教育資料庫之缺口頗多，有待教育相關單位再加努力，以作為教育政策擬定及執行之重要支持力量。

三、進行小規模的教育實驗或試行

　　教育政策影響層面甚大，某項教育政策的執行常是全國性之各級學校都受到規範及影響，因此從教育政策問題的形成及釐清、教育政策的規劃、教育政策的執行及教育政策的評估均要審慎進行，不得輕率為之。因此，在全國性之大規模政策推動之前，可以先進行小規模的教育實驗或試行。舉例而言，教育當局要推展國民小學閱讀運動，可先選擇幾所學校試辦，並蒐集試辦之成果證據，如果成效良好再依證據全面推動政策，藉此

也更容易說服其他學校實踐閱讀運動。申言之，對於沒有完全把握的教育政策可融合 PDCA 的歷程，即先提出教育政策試辦計畫（plan），再選幾所學校試做（do），接著檢核試做數據成果（check），之後才全面推動（action），如此一來，循序漸進並藉由蒐集資料證據，則較具說服力並有助於教育問題的解決及達成政策目標。

四、進行長期性及系統性的教育研究

教育政策研究或政府部門的委託研究常是片斷或隨興式，有時也因政策推動的時效性而等不及研究證據的提供，故教育研究平時可進行長期性及系統性的研究，蒐集各種教育政策所需之相關證據，等到教育行政部門臨時需要相關資料時，就可以適時提供所需的證據供教育政策制定者參考。舉例而言，國內高等教育學費是否需要調整，如果學術研究單位平時已在進行系統性的研究，則遇到大學學費調漲的政策問題，就能提供各國做法、國內利害關係人之聲音或研究成果，以作為教育行政機關之參考。

我們應該加強整合性、系統性、實務性及長期性的教育政策規劃分析研究，透過科學性及系統性的分析過程，以提高教育政策規劃分析的客觀性、周全性與嚴謹性（林志成，2012）。質言之，雖然證據無法完全解決教育政策之相關問題，但卻可從旁協助以達成教育政策目標，而針對重要教育政策議題平時進行長期性、前瞻性及系統性的研究，則可以洞見教育政策走向，並能引導正確的教育發展方向。

五、促進學術研究社群與教育政策制定者的連結合作關係

影響證據被使用的最大原因，莫過於決策者選擇證據是以解決問題為導向，迥然不同於學術界所提供的證據是以專業為導向，在學術研究者與教育政策制定者彼此認知不同的情形下，既有的證據並未受到教育政策決策者的青睞（陳恆鈞、黃渾峰，2009）。此外，學術研究者較關心理論的建構與驗證，而教育實務工作者則較關心如何做。職此之故，對於高水準的教育研究成果應以決策人員能夠理解接受的方式及途徑和他們溝通，並增進教育決策人員應用教育研究成果及參與系統性研究的動機和能力，以

及教育研究應該提供批判性的、值得信賴的及政策相關的訊息，以供教育政策制定者參考（翁福元，1999）。再者，魏鏞（2004）認為政策研究與政策要結合的要件有三：(1) 研究的結果要有相當的素質；(2) 所提的建議要有堅實的資料基礎；(3) 所提的建議要有很高的可行性。此三項觀點相當值得教育學術研究社群進行教育政策研究之參考。

總之，政策規劃及研究發展兩者缺乏結合及連結的機制，在政策規劃中進行研究或是研究直接反饋到政策規劃過程，可謂是特例，而非一般現象（鄭國泰，2008）。此外，行政人員抗拒政策研究結果及建議之主要原因為不願改變現況，以及視政策研究結論是對現行制度和權力的挑戰（魏鏞，2004）。正因為如此，促進學術研究社群與教育政策制定者討論對話成為連結合作關係，更顯得其重要性，並有助於證據為導向的教育政策規劃。

六、多元視野的交融

實證為基礎的教育政策並非沒有缺失，Biesta（2007）就指出證據為基礎的實務不僅會限制決定的視野，也會限制參與教育決策的機會。賴志峰（2004）也認為證據本位的教育政策強調經實證有效的教育政策，但有排除或不重視非實證研究之傾向，恐引起典範大戰。徐銘璟與鄭景澤（2011）亦曾探討證據本位的師資培育政策，渠等認為師資培育的重要議題中，有些也許可以藉由隨機臨床試驗來解答，有些則需要倚賴描述、解釋和發現而得的經驗性證據，甚至要把大環境的其他因素一併考量，才能夠將師資培育方案規劃得更周全。

質言之，證據的類型及來源是多元而非單一（葉連祺、張盈霏，2001），事實、資料、提議及敘述等均可以構成證據（Kvernbekk, 2011）。職此之故，我們對於證據宜有更為寬廣的定義，只要具有品質或信效度，不論是量化、質性或混合研究方法（mixed method research）（Siraj-Blatchford, 2006），研究所得資料應該都可以加以參酌，也可兼顧實證、詮釋與批判，讓多元不同的角度視野能彼此交融，最後教育政策制定者考量政策環境再進行智慧抉擇。

陸、結語

　　教育組織的特性之一是不易評鑑，因為學生成長及教育成效並不易評量及量化，德智體群美的展現常需要時間，所謂十年樹木百年樹人，是故教育成果並不能講求一定要立竿見影，且教育過程充滿著相對性的價值判斷而非價值中立。因此，以價值為基礎的教育（value-based education）（Biesta, 2010）仍是值得吾人加以探究，例如：國內明星高中是否存在就有不同立場的價值觀點，存或廢各有其利弊得失。也就是說，影響教育政策制定之因素頗多而非單一，包括價值因素、專業因素、政治因素、經濟因素、社會文化因素及決策者個人因素等。

　　正如前段所述，影響教育政策制定之因素多元，故政府更應建立研究證據資料庫、增進決策過程的理性及增進研究與政策間的互動（鄭國泰，2008），畢竟各項教育政策常是錯綜複雜、涉及層面廣泛，以證據為基礎的教育政策有其必要性，因能藉由證據抽絲剝繭找出關鍵要點，且國內在這方面仍有很大的努力空間。總括說來，教育研究要走在教育政策的前面，扮演引導者及啟蒙者的角色，是故，平時研究及證據的蒐集累積就是教育政策推動的重要基石，較理想的狀態是研究證據直接轉化成為教育政策並加以實施執行，或者研究證據至少能間接啟發教育政策的開端。本文首先敘述證據為基礎的意涵，並從形成重視證據的教育政策文化、建立整合教育資料庫、進行小規模的教育實驗或試行、進行長期性及系統性的教育研究、促進學術研究社群與教育政策制定者的連結合作關係、多元視野的交融等梳理以證據為基礎的教育政策之實踐策略，以供學術研究及教育相關單位之參考。

參考文獻

王麗雲（2006）。**教育研究應用：教育研究、政策與實務的銜接**。臺北市：心理。

吳定編著（2012）。**公共政策辭典**。臺北市：五南。

林文達（1988）。**教育計畫**。臺北市：三民。

林水波（2011）。**公共政策——本土議題與概念分析**。臺北市：五南。

林水波（2012）。**領導學析論**。臺北市：五南。

林志成（2012）。臺灣教育政策之省思與前瞻。**教育研究月刊，222**，5-18。

林其賢、高熏芳（2009）。資料導向決策系統之設計：校長決策領導的新思維。**學校行政雙月刊，62**，80-97。

洪雯柔、葉玉賢（2012）。紐西蘭教育研究與政策的對話：證據本位的政策、政策導向的研究。載於徐光台等合著，**教育學與比較教育研究：楊深坑國家講座教授六秩晉六祝壽論文集**（頁 285-298）。臺北市：高等教育。

洪蘭（譯）（2012）。**快思慢想**。D. Kahneman 原著。臺北市：天下遠見。

孫頌賢（2009）。學校心理師的衡鑑工作：資料導向的問題解決模式。**輔導季刊，45**(4)，40-47。

徐銘璟、鄭景澤（2011 年 3 月）。「證據本位」的師資培育政策，是更好？還是更糟？。**臺灣師資培育電子報，18**。

秦夢群（1997）。**教育行政——理論部分**。臺北市：五南。

翁福元（1999）。教育研究與教育政策的對話：一個概念性的討論。載於中華民國比較教育學會主編，**教育研究與政策之國際比較**（頁 1-22）。臺北市：揚智。

馬群傑（譯）（2011）。**公共政策分析**。W. N. Dunn 原著。臺北市：台灣培生。

張芳全（2006）。**教育政策規劃**。臺北市：心理。

張奕華、彭文彬（2012）。高中職校長資訊使用環境對資料導向決策影響之研究。**學校行政雙月刊，79**，20-42。

陳明印、單文經（2005）。教育研究結果應用的探討——以政策實務為主。**教育資料與研究，62**，48-67。

陳杰峰、蔡宛真、邱文達（2004）。實證醫學於健康照護之應用。**臺灣醫**

學，**8**(2)，235-240。

陳恆鈞、黃渾峰（2009）。循證政策制定之運用：以南勢溪流域管理策略為例。公共行政學報，**31**，101-148。

陳紹賓（2009）。**資料導向決定在國民小學校長願景領導應用之研究——以臺北縣為例**。國立臺北教育大學教育政策與管理研究所未出版碩士論文。

陳敦源、呂佳螢（2009）。循證公共行政下的文官調查：臺灣經驗的觀點、方法與實務意義。公共行政學報，**31**，187-225。

鈕文英（2010）。特殊教育證據本位實務之建立、鑑識與運用。**南屏特殊教育，1**，1-24。

黃旭鈞（2011）。資料導向決定的理念與策略。載於吳清基主編，**教育政策與行政新議題**（頁 282-306）。臺北市：五南。

葉連祺、張盈霏（2001）。證據本位管理之論析。**學校行政雙月刊，12**，59-69。

甄曉蘭、李涵鈺（2009）。理想與現實的落差：偏遠國中實施九年一貫課程的困惑與處境。**教育研究集刊，55**(3)，67-98。

甄曉蘭（2011）。教育研究發展現況的省思。人文與社會科學簡訊，**12**(4)，49-55。

趙達瑜（1998）。政策研究與應用：我國行政機關低度應用委託研究原因分析。**暨大學報，2**(1)，189-216。

蔡宏明（譯）（2010）。**循證管理：依循證據找問題，正確決策破迷思**。J. Pfeffer & R. I. Sutton 原著。臺北市：梅霖文化。

鄭國泰（2008）。**證據為基礎的政策研究：理論與實務分析**。臺北市：唐山。

賴志峰（2004）。證據本位教育政策之理念與啟示。**初等教育學刊，17**，83-104。

謝文全（2009）。**教育行政學**。臺北市：高等教育。

謝進昌（2010）。國內教育學門系統性文獻評閱策略及後設分析發展現況與建議。**教育研究學報，44**(2)，1-24。

謝進昌（2011 年 3 月）。另一種證據來源：系統性文獻回顧資料庫。國家教育研究院電子報，**27**。

魏鏞（2004）。公共政策導論。臺北市：五南。

Bernhardt, V. L.(2009). Data use: Data-driven decision making takes a big-picture view of the needs of teachers and students. *Journal of Staff Development, 30*(1), 24-27.

Biesta, G.(2007). Why "what works" won't work: Evidence-based and the democratic deficit in educational research. *Educational Theory, 57*(1), 1-22.

Biesta, G.(2010). Why "what works" still won't work: From evidence-based education to value-based education. *Studies in Philosophy and Education, 29*(5), 491-503.

Bridges, D., Smeyers, P., & Smith, R. (2009). *Evidence-based education policy: What evidence? What basis? Whose policy?* Malden, MA: Wiley-Blackwell.

Brown-Chidsey, R., & Steege, M. W.(2005). *Response to intervention: Principles and strategies for effective practice.* New York: The Guilford Press.

Cipani, E.(2004). *Classroom management for all teachers: 12 plans for evidence-based practice.* Upper Saddle River, N.J.: Pearson/Merrill/Prentice Hall.

Fleischman, S.(2011). What would evidence-based policy look like? *Education Week, 31*(5), 11-11.

Franco, G.(2003). Evidence-based medicine and evidence-based occupational health. *Scandinavian Journal of Work, Environment & Health, 29*(1), 78-79.

Hewison, A.(2004). Evidence-based management in the NHS: Is it possible? *Journal of Health Organization and Management, 18*(5), 336-348.

Kvernbekk, T.(2011). The concept of evidence in evidence-based practice. *Educational Theory, 61*(5), 515-532.

Leicester, G.(1999). The seven enemies of evidence-based policy. *Public Money & Management, January-March,* 5-7.

Mandinach, E. B., & Honey, M.(Eds.). (2008). *Data-driven school improvement: Linking data and learning.* New York: Teacher College Press.

Maurice, J.(2013).The German National Educational Panel Study: Concept and design of a longitudinal database on education. 載於教育資料庫建置與應用國際學術研究會大會手冊（頁 19-33）。主辦單位：國立臺灣師範大學教育研究與評鑑中心。

Moran, D. J.(2004). The need for evidence-based educational methods. In Moran, D. J. & Malott, R. W.(Eds.), *Evidence-based educational methods*(pp.3-7). San Diego, Calif.: Elsevier Academic Press.

Owens, R. G., & Valesky, T.C.(2011). *Organizational behavior in education: Leadership and school reform*. Upper Saddle River, N.J.: Pearson.

Pawson, R.(2006). *Evidence-based policy: A realist perspective*. London: Sage.

Pfeffer, J., & Sutton, R. I.(2006). *Hard facts, dangerous half-truths, and total nonsense: Profiting from evidence-based management*. Boston, Mass.: Harvard Business School Press.

Rathvon, N.(2008). *Effective school interventions: Evidence-based strategies for improving students outcomes*. New York: The Guilford Press.

Shanhjahan, R. A.(2011). Decolonizing the evidence-based education and policy movement: Revealing the colonial vestiges in educational policy, research, and neoliberal reform. *Journal of Education Policy*, *26*(2), 181-206.

Siraj-Blatchford, I.(2006). Educational research and evidence-based policy: The mixed-method approach of the EPPE project. *Evaluation and Research in Education*, *19*(2), 63-82.

Slavin, R. E.(2002). Evidence-based education policies: Transforming educational practice and research. *Educational Researcher*, *31*(7), 15-21.

本文與劉君毅共同合著，本書作者為第一作者，並曾刊登於 2017 年吳清基主編，教育政策與教育實務（頁 19-36）。感謝五南圖書出版公司同意轉載。

第四章

教育政策釋意取向的實踐啟示與評析

壹、前言

　　長期以來，國內教育政策的實施大都是採取由上而下（top-down）的途徑，惟如此運作有時無法達成應有的政策目標，究其原因往往是第一線基層教師對於政策內容的不理解，甚至立意良善的教育政策輾轉至學校教師執行時已變了調，而釋意（sensemaking）理論的內涵正可以合理地解釋此一現象的背後原因，值得我們加以認識及探究。在學術研究方面，釋意理論也吸引眾多研究者的關注與探討（李函俞，2013；林仁祥，2013；林家五、黃國隆、鄭伯壎，2004；葉明政，2014；魏汎珊，2007；Bijsma, Schaap, & de Bruijn, 2016; Cambe & Carrington, 2015; Gioia & Thomas, 1996; Maitlis, 2005; Maitlis, Vogus, & Lawrence, 2013; O'Meara, Lounder, & Campbell, 2014; Philip, 2011; Smerek, 2013; Weber & Glynn, 2006; Weick, 1993）。

　　體制理論在於探討外在環境的社會價值觀、習俗、規範與法規、內部價值觀、文化等的影響（何瑞萍，2014）。大致說來，外在體制環境可以透過強制、規範及模仿等三種機制來影響組織（Scott, 1998），而 Weick 的釋意理論在於探討組織內的行動者如何理解和建構創造所處的環境，Weick 主張行動者具有建構創造能力，行動者不只受環境影響，也會影響環境，亦即行動者與環境的關係互為影響，行動者具有行動力（何瑞萍，2014）。事實上，人們往往認為價值是體制提供的結果，導致人們對體制有更多的需求，而忽略了個人本身能自我幫助並創造自我價值（吳康寧譯，1994；吳麗華，2007）。另一方面，為了降低對於新事物之不確定性，釋意可促使組織行動者進行改變、決定及對組織問題創造出新的解決方式（Maitlis, Vogus, & Lawrence, 2013）。顯然地，我們甚至可以說人類實相（human reality）是持續不斷釋意的過程（Magala, 1997）。

　　人們常以過去的經驗來分析陌生的事物，以釐清因應措施，這種意會分析常常是主觀的，就算是不合理，人往往也會以冠冕堂皇的藉口加以合理化（侯勝宗、蕭瑞麟，2008）。以新科技的產生與推廣來說，要了解一項科技會不會被採用、如何採用、會產生什麼結果，我們就不能不去了解人如何對科技賦予釋意（侯勝宗、蕭瑞麟，2008）。循此而論，要了解一

項教育政策會不會產生什麼效果，我們就必須了解教育政策實施者或利害
關係人對於該項教育政策是如何認知、如何解讀及如何賦予意義的，畢竟
教育利害關係人或教師對教育政策的不認同及不理解，往往會使教育政策
流為口號或大打折扣，無法達到所設定的教育政策目標。基於此，本文擬
先探討釋意及教育政策釋意的意涵，其次說明 Weick 的釋意理論及與釋意
相關的理論，復次闡述教育政策釋意取向的觀點，接著敘述釋意理論的相
關研究，之後提出釋意理論對教育政策與改革的實踐啟示，最後闡述教育
政策釋意理論的侷限並從鑲嵌自主性評析教育政策釋意取向，以供教育政
策制定及實施之參考。

貳 釋意及教育政策釋意的意涵

　　關於 sensemaking 一詞的翻譯，國內有學者譯為「意會」或「意義建
構」，也有人翻譯為「釋意」，本文擇取後者之用語，接下來闡述釋意及
教育政策釋意的內涵。釋意源自於人類學、社會學、存在心理學、藝術、
哲學與文學等人文科學，人文導向的社會科學關注的焦點是現象，也就是
說，人們如何體驗這個世界（廖建容譯，2014）。基本上，教育研究有實
徵、詮釋與批判等三種取向，而釋意理論是偏向詮釋學派，主張人的主動
性及重視意義的詮釋（陳奎憙，2003）。

　　Weick 認為事物的意義是於社會互動中建構而成，人們於社會互動過
程中將主動詮釋並賦予外在事物意義（sensemaking），並依此採取對應
的行動（朱彩馨、郭峰淵，2015；Weick, 1979）。Gartner 等人（2003）
從 Weick 的釋意理論觀點，主張創業是在連續的組構過程（process of or-
ganizing）中逐步完成的，這個過程涉及創業者對於創業行動與情境持續地
進行意會（蔡敦浩、施進忠、利尚仁，2010）。林家五、黃國隆與鄭伯壎
（2004）陳述釋意是將訊息放進某種參照架構中，使得人們可以進行統
整、了解、解釋、歸因、探究、預測的功能。易言之，所謂釋意表示當個
體經驗到複雜、模糊或者有壓力的情況時，他所推演出的結構或意義的過

程；釋意的發生可以透過個體獨自的檢視與分析，也可以經由個體與他人之間的互動。侯勝宗與蕭瑞麟（2008）表示意會的背後往往是一套價值系統，無形地牽引人的想法，以及對不同事物所產生的不同感覺。梁煥煒（2010）指出釋意是一種對事發情境的感受力，當事人會以過去的經驗架構來解讀眼前事物。

蕭瑞麟（2011a）認為不同人對同樣狀況常會有截然不同的意會，而意會就是人的感覺、理解、經驗，漸漸轉換成為信仰、價值觀、執著，人有什麼「感」（sense），就會做出什麼意會，也就會做出什麼行動。由蕭瑞麟的定義可知，人們的釋意常會影響人們的行動。楊竣賀、侯勝宗與李慶芳（2015）陳述人們在面對新事物或新情境時，會努力嘗試以自己過往的經驗、知識與立場來給予解釋，並且思考如何融入於生活或工作中，這個腦力激盪直到行為反應的過程，稱之為意會（sensmaking）。朱彩馨（2015）則以釋意來探討分析科技的使用，並指出科技釋意是人們主動賦予科技的意義，用於解釋科技是什麼、科技與我的關係，此將決定人們是否投入資源與心力來因應科技，以及該如何面對因應科技。

綜合上述，釋意可定義為人們在面對新的外在環境或事物時，會嘗試以自己過去的價值、思維或經驗來解讀新的環境或事物並賦予意義之過程。進一步而言，教育政策釋意（educational policy sensemaking）是教育人員在面對新的教育政策時，會以過去的價值、思維或經驗來解讀教育政策內容並賦予意義之過程。舉例而言，教師在面對近年來所倡導的翻轉學習，教師們各有不同的解讀，有些教師會認為此種學習是有助於學生學習而努力嘗試，有些教師則會認為目前的教學法已經具有效能，並將翻轉學習解讀為不適切的學習方式而加以排斥，而也有些教師對於轉轉學習的效果並不樂觀，因而抱持觀望的態度。換言之，教師接受新的教育政策或教育改革措施並不是「刺激─反應」的單純線性連結，而是「刺激─認知解讀─反應」的過程。

筆者進一步以圖 4-1 將教育政策釋意再加以闡述如下：新的教育政策推動時，剛開始教師個人會以原來既有的認知框架來解讀，並與外在情境交互作用且受其影響，接著教師對於新的教育政策會加以合理化、賦予意

義或者有了新的理解，因而浮現形成教師的不同反應及行動選擇，最後影響教育政策的實施與執行成效。

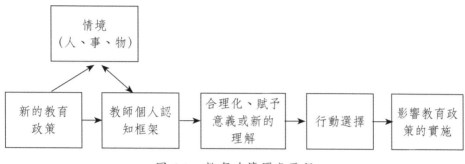

圖 4-1　教育政策釋意歷程

參　Weick的釋意理論

　　Weick 的釋意理論對於組織學領域有重要的影響力，該理論主要是在探討當人們面臨動盪與複雜的環境、經歷不確定的狀況，人們會在環境中察覺和萃取特定線索，並依自身所持的信念、心理、習慣、常規、內情等去解釋線索，釋意過程具有七種特性，值得參考（引自何瑞萍，2014；Weick, 1995）：(1) 意義建構係建立在人們對本身所建構的意義：人們在定義其所處的環境時，也對環境做出反應；(2) 意義建構更具有回顧的特性：過去的事件在現今回顧時被重新解釋；(3) 意義建構係行動者建構創造所察覺的環境：環境會限制人們的行動，也提供人們機會去創造自己的環境，當人們在創造環境時，也是在理解自己所處的環境；(4) 意義建構具有社會性的特性：人們於其所處的社會情境從事意義建構，也就是說，組織環境的參考團體、規範、規則、標準、溝通的事件、溝通的方式、與他人互動等都會影響人們對環境的感受和詮釋；(5) 意義建構具有持續進行的特性：組織內的工作是動態的，所以，意義建構是一種持續進行中的活動；(6) 意義建構具有聚焦萃取線索的特性：人們所秉持的信念、價值

觀會影響其線索的過濾；(7) 意義建構具有偏重真實而非正確的特性：人們依過去的感受為基礎來形成現在的感受，換言之，人們在意義建構時，是以其所期望的角度去解讀事件的意義，人們帶著主觀意義理解所接觸物件、言語、行動等，此有助於理解其所處的世界，人們在從事意義建構是偏重自身的感受。

此外，Weick 對於科技釋意（technology sensemaking）也提出看法，他發現使用者遇到新穎事務，不是感到驚喜，就是被驚嚇到，不管是哪一種反應，使用者只好努力的釋意（make sense）那個新穎事務，嘗試為這個未知的驚訝找到合理之解釋。惟人們經常會錯意，故對於科技產生錯誤的理解，因而排斥接受或拒絕創新（蕭瑞麟，2011b；Weick, 1990）。

綜觀上述，Weick 的釋意理論是強調行動者會自己去創造自己的環境，並以過去的感受與經驗為基礎，形成現在的感受與認知。事實上，行動（action）與行為（behavior）的不同在於，行動代表人是有自主的，人們的意向性會賦予行動意義，行為則代表人是被動的，受到環境的制約（熊忠勇，2004；Harmon, 1981），亦即人並不是機器，而是會主動判斷思考，故 Weick 的釋意理論主張人是有主動詮釋的能力，也是行動者、能動者，並不是被動地受外在環境所制約。但另一方面，釋意也可用來解釋人們對新事物的誤解，而排斥創新及改變之現象。

肆 與釋意相關的理論

釋意相關之理論可從思維框架理論、心智模式、調適學習、認知理論、行動理論與符號互動論等加以闡述。

一、思維框架理論

思維框架理論（frame theory）主張個人面對外在特定事物所採取的行為，取決於此人如何詮釋並理解該項事物而定，亦即個人賦予外在事物之理解與詮釋，形成一個無形的框架，限制了人們的反應與想法（朱彩馨、郭峰淵，2006）。簡言之，人們的思維框架主導個體對於外在特定事物的

理解（making sense）與因應行為（Weick, 1979）。思維框架雖然有助於人們組織經驗、理解模糊的情境並降低不確定性，但其同時也限制了人們遇到問題時的求解空間（朱彩馨、郭峰淵，2006）。當人們持續在相同思維下行動時，其可能只注意符合目前想法的資訊，而忽略和其觀點衝突的訊息（朱彩馨、郭峰淵，2006；Fiske & Taylor, 1991）。由此可見，釋意理論與思維框架理論的主張有相似之處，例如兩者都強調面對新事物時，個人詮釋的重要性，故思維框架理論可視為釋意理論的相關理論基礎。

二、心智模式

心智模式是我們對自我、我們的世界、我們的組織，以及我們該如何跟它們配合所抱持的根深柢固信念、圖像及假設。關於心智模式的原理包括（劉兆岩、郭進隆譯，2004）：(1) 人人都有心智模式；(2) 心智模式決定我們如何看和看見什麼；(3) 心智模式引導我們如何思考和行動；(4) 心智模式導致我們把自己的推論看作事實；(5) 心智模式總是不完整；(6) 心智模式影響我們得到的結果，而結果又會增強了心智模式；(7) 心智模式的壽命常比其有效時間來得長。Louis 與 Sutton（1991）也表示個人與組織經常依賴心智習慣來引導詮釋和行為。職此之故，心智模式的內涵可輔助說明釋意理論所強調的人們習慣用原有信念來理解這個世界之概念。

三、調適學習

當問題發生而原來的知識不適用時，解題者就需要調整原來的知識、原本的方法來達到需求，因此，解決問題的步驟就建立在了解需求與調整方法的來回之間，問題解決者會在解決的過程中，增進原本的經驗且讓知識成長（楊竣賀、侯勝宗與李慶芳，2015）。釋意理論認為個人在面對新事物會以既有的認知加以解讀，但若超過認知範圍，則必須調整認知與方法，故調適學習可以作為釋意相關的理論。

四、認知理論

認知學派或認知心理學強調人的知在先，而行在後，在知的歷程中，

個體能主動地對其所接受的各種訊息進行過濾或處理，故個人處理訊息的結果將會左右其外顯行為（葉重新，2000）。釋意理論強調個人對外在事物的認知與解讀會影響外在行為，故可從認知理論來理解釋意理論之內涵。

五、行動理論

由於傳統層級節制體系下，行政人員往往依照明確界定的角色規約來行事，忽略了人們的特殊需求與問題之差異性（吳瓊恩、陳秋杏、張世杰譯，1993），因此，Michael M. Harmon 提出行動理論（action theory），主張為人的本質是自主的而非消極被動的，是社會的而非原子論的（熊忠勇，2004；Harmon, 1981）。也就是說，Harmon 重視人的主觀體驗、個別差異，從詮釋學的角度來觀察，回復人應有的主體性地位，這種人文精神的體現，可避免決定論及科學主義的迷思（熊忠勇，2004）。質言之，Harmon 的行動理論與釋意理論都強調人的主體性及自主性，故行動理論可作為釋意理論的重要理論基礎。

六、符號互動論

符號互動論主張個人依據他對事物所賦予之意義，進而對於事物採取行動，且這種意義是透過人們社會互動所產生的。此外，個人經過一個詮釋過程，會將意義加以處理及修正而轉化成為所面臨的行動（徐茂練、王心怡、鐘國禎、張詩淳，2008；Blumer, 1969）。換言之，符號互動論者之立場是要求行動者掌握詮釋的歷程，並藉此以建構行動者自己的行動（姜得勝，2003；Blumer, 1962）。由此可見，符號互動論與釋意理論均關注個人對事物的意義詮譯，故符號互動論亦可視為釋意理論之相關理論。

〔伍〕 教育政策釋意取向的觀點

詮釋學者主張量化科學研究在人類社會中尋找放諸四海而皆準的客

觀法則幾乎是不可能的，人們所居留與經歷的生活世界，存在著多重真實和多元理解，而社會真實是由社會演員在互動的情境中所共構而成的，理解是經由詮釋而來的（秦琍琍，2011）。從表 4-1 可知，技術理性、相互適應及釋意／共構三種政策觀點的差異，值得教育政策制定之參考。我們也可以發現技術理性的政策觀，重視由上而下的階級體系、計畫與控制，容易衍生出工具理性的現象，關心方法與效率而不是目的，在乎「如何去做」而不是「爲什麼要做」，並將監督和權力施於其他人（吳根明譯，1988）。而釋意或共構（co-construction）的觀點帶著社會建構的視野，將實施者置於教育改革的核心，關注於實施者之詮釋、改編或轉化政策的過程，展示實施者如何斡旋改革，其信念與經驗如何影響改革的執行。也就是說，若由釋意角度來觀察教育政策過程，我們發現實施者本身就是積極的政策制定者，實施者的過濾、重新詮釋政策訊息，且賦予教育政策某種意義與價值，教育政策實施的結果往往就是實施者之價值與信念的展現（葉明政，2015），故教育政策實施者常常也是教育政策的制定者，所以說從教育政策釋意的角度來看，每個教師都是「自己的教育部長」。

　　質言之，教師對於教育政策往往也有自己的看法，甚至有著強烈的教育政策主張，換句話說，教師不僅是教育政策的「使用者」，透過對政策的重新詮釋及賦予意義，教師也是教育政策的「製造者」。由此可見，政策觀點除了技術理性與相互適應外，釋意理論的視角更是不可忽略。

表 4-1　Datnow & Park（2009）三種不同的政策觀點之比較

假設	觀點		
	技術理性	相互適應	釋意／共構
變革方向	單向	雙向，介於政策與實施場所之間	多向
政策過程	視政策過程為分離的線性階段	視政策形成和實施是分開的；聚焦於政策意圖和實施結果之間的不符應；因此，一些相互適應觀點被視為忠實觀點的變形	視政策形成和實施為一個過程的一部分；聚焦於行動者在政策形塑的角色以及多元制度層級與行動者之間的互動關係

假設	觀點		
	技術理性	相互適應	釋意／共構
影響範圍	由上而下與階層體系	由下而上	開放式的多層級系統
情境作用	情境的通則化觀點（鉅觀）	當地情境和文化的重要性（微觀）	情境的感受意義，包含社會—政治與跨政府間的關係（共構觀點，至少釋意）
價值	忠實；計畫與控制；視變異為困境	調整與協商；視變異為當地情境預期發生的結果	調整與協商，但也有從政策脈絡而來的權變操縱

資料來源：葉明政，2015：295。

陸、釋意理論的相關應用研究

關於釋意理論的相關研究方面，Weick（1993）在研究中發現其研究之個案組織的失敗是釋意與結構的瓦解。Cambe 與 Carrington（2015）研究在危機下的領導者釋意，結果指出管理團隊之認知共識有其重要性。林家五、黃國隆與鄭伯壎（2004）研究創業家的動態釋意歷程，結果發現所研究的創業家是以身分認同為中心，進一步影響創業家對內、外環境脈絡的詮釋，詮釋的方向則會進一步產生具體的行動，以及對行動產生承諾性詮釋，用以強化或聚焦其創業理念、經營目標與對生活的意義。侯勝宗與蕭瑞麟（2008）則以計程車司機為研究對象，研究發現計程車司機對於科技應用有不同的釋意，因而產生理性、感性及知性三種不同類型的司機及不同的創新工作模式。張博雅與林珊如（2010）採取使用者為中心的意義建構取向進行研究，研究結果指出圖書館應有符合視障者需求的服務策略，且對圖書館提出強化館藏特色、增購軟硬體設備及改善館內外無障礙環境等建議。梁煥煒（2010）研究發現新服務跨業聯盟可以「合作意會」作為增進營運順暢的一種有效策略。陳悅琴、蔡明宏與林明杰（2010）採個案研究法訪談東山再起之創業家的釋意活動因果脈絡，研究

結果提出「抗敗性盾牌」和「身分認同與社會資產」的東山再起能耐基礎觀念，以協助東山再起創業家從事再造策略作為。蕭瑞麟、侯勝宗與歐素華（2011）以臺灣大車隊為研究對象，研究發現計程車司機在科技引入後會發展不同的使用者科技意會演化之歷程，研究中並解讀司機如何由實況問題中學習，調適自己的工作行為與科技之應用方式。林巧笠（2012）研究發現影響使用者正向的科技意會因素，來自於科技系統的彈性、完整資訊、個人電腦技能及資訊人員的支援，而資訊人員之支援與個人電腦技能亦會相互影響，且使用者的科技意會對使用意願會有顯著正向影響。

　　在教育研究方面，楊亨利與尤松文（2005）探究資訊管理課程中學生學習的釋意歷程，結果發現學生的釋意結果充分的引導了他們的學習方法。魏汎珊（2007）研究發現教師對教師評鑑政策的意義建構為中上程度，但教師對教師評鑑政策大多採取消極的行動策略。張欣怡（2013）研究結論陳述國民小學教師對閱讀教育政策的意義建構為中上程度，但對於增進教師閱讀專業的意義建構則有所不足。葉明政（2014）曾從釋意觀點出發，關注到實施者行為的改變必定包含認知的成分，因此建議課程政策者要了解基層實施者的認知基模，而非持續停留於訴諸政策的正當性或合法性，故應幫助基層行動者更好地了解課程政策，且各級學校校務領導者在面對課程改革時，應先了解校內教師的信念與工作哲學，一方面有助於提高教師對課程改革之理解，另一方面可提供教師必要的工具來實施新想法。潘慧玲與張淑涵（2014）研究發現所進行的個案學校會經由不同資料的結合，解讀與診斷學校問題，進而研訂改進的行動方案，其中也呈顯了學校成員從懷疑到覺得受用的釋意過程。朱彩馨（2015）以臺灣某所教授使用數位學習科技為例，研究發現持續使用數位學習科技的教授們以五種不同的方式來重新釋意該科技，而分別產生五種教學的調適。蘇建宏與洪志成（2015）則以一位關切美感教育的國小教師角度出發，探究教育部所推動的美感教育政策，結果發現在績效與科層體制結合的結構下，隱晦性文化如「陽奉陰違」、「虛應故事」因而產生，此種與美感背道而馳的負面文化將是政策推動之困難所在。

　　綜合上述的研究可以發現，釋意理論不僅可以解釋創業家的發展動態

及各行業成員對資訊科技的解讀，也可以用來探討教師對教育政策的理解及分析教師釋意對政策實施成效的影響情形。

(柒) 釋意理論對教育政策與改革的實踐啟示

釋意理論不僅可以彌補組織理論的重要缺口（Weick, Sutcliffe, & Obstfeld, 2005），也可提供教育政策理論與實務的另類視角。以下就從教育政策與改革宜關注教師的認知與解讀、教育政策與改革宜加強與教師的溝通、教育政策與改革宜重視教師的增能等三方面闡述釋意理論對教育改革及教育政策的實踐啟示。

一、教育政策與改革宜關注教師的認知與解讀

教育政策制定者常期待著因教育政策的推動而使教育更為進步，然教育政策執行過程為何經常遇到許多困難，教育政策詮釋理論可以解釋這樣的情況。也就是說，由於教育現場教師對於教育政策的誤解、認知的不足、反應的不一或仍持舊有思維框架等，因而形成所謂「上有政策、下有對策」之現象，以至於最終的政策實施再也不是原來政策的用意。此外，研究也發現不同專業團體間的社會及認知界限會是阻礙創新的重要因素（Ferlie, Fitzgerald, Wood, & Hawkins, 2005）。因此，教育政策釋意理論是值得注意的課題，提醒我們任何教育改革或教育政策制定宜注重教育現場教師的認知、解讀與轉化，例如十二年國民基本教育課程綱要的實施，教育現場之教育人員普遍對於核心素養概念認識不清且知能不足，故課綱政策過程，有必要增進教師對課綱的認知理解，以使課綱政策得以有效推展。

二、教育政策與改革宜加強與教師的溝通

在政府體系之行政官僚型模下，常因過度重視專業技術以求目標之達成，而以單向思維解決新問題（李衍儒、趙永茂，2016）。然為了追求更具代表性的政策思維，構思較具統整性之政策內容，發現隱而未顯的

問題層面，需要進行溝通互動（林水波，2011），且溝通是釋意的關鍵因素（Magala, 1997），故為避免教育政策及教育改革造成教師的誤解，以及讓政策推動減少盲點，不管是教育政策推動前、執行中或推動後，都應加強與教師的雙向溝通，以增進教師對政策的理解與認識及形成共識，Weick 也常將組織視為人們在一系列集體行動之前的一間協商會議室（Magala, 1997）。而在教育政策過程中，學校校長就扮演著重要的溝通角色。Fowler（2000）也指出在快速變化的政策環境下，學校領導者對於教育政策及教育政策如何形成，必須要有基本的了解與認識，否則學校領導者只是被動反應而不是主動回應。

　　綜言之，教育政策的制定與執行應重視與教育現場教師的溝通，藉此可化解不必要的誤解，進一步形成共識並顧及程序正義，以免衍生「各唱各的調」之情況，而校長在教育政策溝通過程中就居於重要的角色。

三、教育政策與改革宜重視教師的增能

　　釋意是一種調適行為，在這個過程中，「認知」與「經驗」形塑彼此，而人類習慣保持既有的期望，也就是說，人們會緊握著熟悉的事物不放（許瑞宋等譯，2015）。職此之故，除了教師的解讀影響教育改革及教育政策的推動之外，教師認知及能力的進一步提升與學習精進也是必須注意的課題，例如推動十二年國民基本教育課程綱要的重點內容之一是核心素養，而關於核心素養的教學與評量知能，一般教育現場的教師是欠缺的，故如何精進教師在核心素養的教學與課程設計知能就是關鍵所在，亦即教師專業知能提升了，十二年國民基本教育課綱在推動過程才得以順利發展，否則教師知能及調適未到位，一來教師可能會因能力與認知問題加以抗拒，二來也會因專業知能不足而影響政策執行的成效。總之，釋意理論對教育政策改革或方案推動之另一啟示是應重視教師的新知學習、增能、調適與專業發展。

　　總結說來，如圖 4-2 所示，教師解讀及知能與新教育政策目標之間往往是有缺口的，而透過有效溝通、增能或學習，可搭起教師知能與新教育政策目標間的橋梁，使教師更能跨過缺口達成新教育政策目標。反過來

說，缺乏對教師的理解且未能有效溝通及增能，新教育政策的推動成效將無法如預期，甚至因教師的誤解而使新教育政策的實施有所偏差。

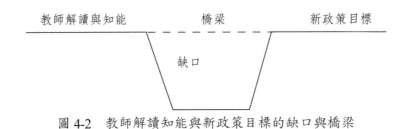

圖 4-2　教師解讀知能與新政策目標的缺口與橋梁

捌 教育政策釋意理論的侷限

對於教育政策釋意理論的侷限，我們可以從忽略影響教育政策的多元因素、忽略教育政策的合法性及強制性特徵、忽略以證據為基礎的教育政策趨勢等方面加以說明。

一、忽略影響教育政策的多元因素

我們可以從意志論及決定論來評析教育政策釋意理論，意志論者認為人性是有創造力、具有意志自由，是環境的創造者，不是被環境所決定的；另一方面，決定論者卻主張人類所作所為，不是被環境、就是被遺傳基因所決定（熊忠勇，2004）。也就是說，長期以來，自由意志論與決定論一直爭論不休，而釋意理論則是偏向意志論主張人的主動性及自由意志，忽略外在多元結構因素。

質言之，釋意理論可以提供另一個微觀的思維，能更細緻、更合理的觀察到校長或教師之政策實踐者的認知與思維如何影響著教育政策的解讀與執行，此為過去較少被關注的面向，值得教育政策制定與實踐之參考。惟影響教育政策的因素相當多元，包括政治、經濟、社會、意識形態、技術等，因此，我們可以發現釋意理論較偏向人文主義的政策決定，忽略影響教育政策的其他多元因素。

二、忽略教育政策的合法性及強制性特徵

　　教育政策具有合法性及強制性之特徵，就合法性而言，重大教育政策經立法程序而形成法令規章後，則人民必須遵守；就強制性而言，教育政策在執行過程，對於標的團體具有強制力，未能依規定辦理遵守者，政府可依法強制處罰（蔡進雄，2014）。由此可見，釋意理論重視教育現場教師的理解與態度，而忽略了教育政策本身具有的合法性及強制性特徵。

三、忽略以證據為基礎的教育政策趨勢

　　目前教育政策決策強調以證據為基礎（evidence-based），以證據為基礎的決策可以減少主觀的誤判，並能藉由數據預估趨勢發展，有助於教育政策目標的達成。而教育政策釋意取向從微觀出發，強調教師對教育政策的認知與解讀及其意義的賦予，並未著力於證據為基礎之教育政策探析，亦即教育政策釋意取向忽略以證據為基礎的教育政策趨勢。

玖　教育政策釋意取向的評析：鑲嵌自主性的觀點

　　如前述教育政策釋意取向忽略教育政策的多元因素、忽略教育政策的合法性及強制性特徵、忽略以證據為基礎的教育政策趨勢。基於此，本文更進一步以鑲嵌自主性（embedded autonomy）的觀點評析教育政策釋意理論，接下來首先敘述鑲嵌理論及鑲嵌自主性理論的意涵及發展過程，之後對於教育政策釋意理論從鑲嵌自主性理論觀點加以評析。

一、鑲嵌理論與鑲嵌自主性理論的意涵與發展

　　鑲嵌（embedded）最早是由 Karl Polanyi 所提出，是經濟社會學的概念，指經濟活動或組織，被層層的人際關係、社會價值與法律規範所包圍滲透，產生的特殊制度化過程，包括認知、文化、結構與政治等形式之鑲嵌，都會影響管理、交易與消費等經濟層面（許主峯，2012），亦即 Polanyi 的鑲嵌性觀點主要是強調經濟行動乃是一種體制化的社會過程

（張維安，2001）。之後 Granovetter 的鑲嵌理論對於低度社會化與過度社會化兩種理論傾向提出批評，低度社會化之個人沒有任何社會關係、社會身分，過度社會化的思路則是認為人們只按照自己所扮演的社會角色來行為，人們沒有主觀動能性。而經濟活動是鑲嵌在具體的社會關係之中的（周雪光，2003）。Granovetter 可視為經濟社會學家唯一的代表（湯志傑，2009），具體而言，Granovetter 的鑲嵌性觀點主張經濟行為是在人際關係網絡內的互動過程作出決定的，鑲嵌性觀點批評新古典經濟學觀點過於窄化，忽略經濟行動都是在人際互動中作出決定的（羅家德，2001）。扼要說來，Granovetter 的鑲嵌性觀點一方面調和低度與高度社會化的觀點，一方面避免社會孤立的假設，一方面保留了個人的自由意志，所以行動者的行為既是自主的，也鑲嵌於互動網絡中，受到社會脈絡的約制（羅家德，2001）。

1995 年 Peter Evans 將鑲嵌運用於國家機關與市場互動關係，強調自主性不能解釋一個國家的經濟發展，而國家機關不能與社會完全隔離，但國家機關的自主性如果太低，則受制於各方面的影響太大，因此，Evans 提出鑲嵌自主性理論（embedded autonomy）強調兩者之間的相互建構性（utual constructing），相信國家機構必須保有自主性，同時也要與社會或市場保持適當程度的連結（connecting）（張世賢，2000；Evans, 1995）。

二、教育政策釋意取向的評析：鑲嵌自主性的觀點

從前揭所述鑲嵌理論之探究中，Evans（1995）的鑲嵌自主性理論雖然運用於國家與社會或市場環境的互動關係，而筆者認為該理論同時也很適合用來解釋組織或個人與外在環境的關係，且該名詞在中文的理解上也很適切，能表達出組織或個人與環境關係是暨鑲嵌又自主。質言之，「鑲嵌自主性」一詞及理論內涵很適合轉化用來合理解釋學校或教師與外在政策環境的關係，並能指出一條可以發展的路線，值得吾人加以參考，並可藉此評析教育政策釋意理論取向，闡述如下：

如圖 4-3 所示，以學校組織與外在政策環境來看，學校是鑲嵌於外在政策及社會環境中，而如果過度社會化則受制於外在社會或政策環境。因

此，另一方面，學校要保有自主性，而不能高度社會化，否則學校無法與外在互動連結引入相關資源。

　　再者，教師與外部環境的關係也可以如此加以分析，教師是鑲嵌於外部政策及環境並受其影響，例如社區環境、教育法令規章、教育政策、家長期望及社會期待等，而另一方面，教師也要保有自主性及動能性，可以影響外在環境，也就是說，教師在社會環境制約中保有其獨特個性及自主性。復次，教師與學校組織的關係亦是如此，教師鑲嵌於學校組織，故校園文化及環境影響教師的行為態度，但同時教師也可經由個人教育專業能力，發揮對學校的影響力，故教師對於學校組織發展有其自主性及能動性。

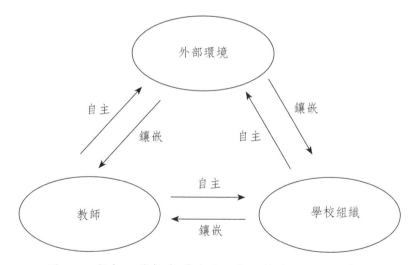

圖 4-3　教師、學校與環境的互動：鑲嵌自主性的觀點

　　此外，進一步來看，體制主義理論強調合法性（legitimacy）機制的重要性，所謂合法性不僅僅是法律制度的作用，還包括文化制度、觀念制度、社會期望等環境對組織行為的影響（周雪光，2003）。循此，外在體制環境會影響組織及成員的行為。惟 Giddens 的結構化理論主張人受制於結構，同時人也可以改變結構，人與結構兩者是互動的關係（許美華，2004；Giddens, 1984）。具體而言，學校或教師過度原子化的缺點是孤立

於外在環境，學校或教師過度社會化的侷限是缺乏自主性，是以學校或教師之原子化與社會化兩者要保持平衡。基本上，過度原子化與過度社會化的教師或學校組織都不適宜提升學校教育效能，尤其是在強調網絡治理、協作連結及建立教育夥伴關係的時代，學校是不宜採取過度原子化的經營領導模式。

概括說來，鑲嵌自主理論主張個人或組織是鑲嵌於社會環境之中，人或組織無法獨立於社會，但同時人或組織是可以保有自主性。因此，一言以蔽之，從鑲嵌自主性理論來評析教育政策釋意理論，我們可以發現教育政策釋意取向重視教師個人的認知與自主性，而忽略了教師是鑲嵌於教育政策環境及無法去鑲嵌（disembedded）的具體存在。

拾 結語

教育政策是政府對教育的所作所為，對教育發展影響甚大（蔡進雄，2014）。長期以來，國內教育政策大都是以菁英主義為決策模式，惟有時因教師的認知與理解的不足而影響教育政策目標的達成，甚至造成政策失靈，故釋意理論可以提供我們不同的思維面向，特別是提醒我們教育現場教師的解讀與釋意轉化影響著教育政策推動成效，值得教育政策制定與執行之參考。

本文經歸納後認為教育政策釋意可闡述為：新教育政策或教育改革推動時，教師個人會以原來既有的認知框架來解讀，接著教師對於新的教育政策或改革措施會加以合理化、賦予意義或者有了新的理解，因而浮現形成教師的反應並影響教育政策的實施與執行成效，此一定義觀點可供未來教育政策實務及學術研究之參酌。再者，本文亦由注重教師的認知與解讀、加強與教師的溝通及共識形成、重視教師的增能等闡述釋意理論對教育政策之啟示。之後，從忽略影響教育政策的多元因素、忽略教育政策的合法性及強制性特徵、忽略以證據為基礎的教育政策趨勢，闡述教育政策釋意理論的侷限。最後，本文從鑲嵌自主性評析教育政策釋意取向，亦即

組織與環境互動關係大致可從過度原子化與過度社會化兩種取向來說，過度原子化所指涉的是組織是具社會性孤立的單元，顯少受到社會結構與社會關係的影響，組織孤立於環境之外，而過度社會化所指涉的是組織完全鑲嵌於社會結構、網絡與規範系統裡，組織缺乏自主性（王信賢，2005；Granovetter, 1985）。由此觀之，在學校組織或教師與環境互動中，一方面需要保有學校組織或教師個人的自主性，但另一方面又必須明白學校組織是鑲嵌於較大的政治、經濟、社會及教育政策環境之中。循此，教育政策釋意取向強調學校組織及教師個人的創發性，惟忽略了學校組織或教師是鑲嵌於外在教育政策環境的事實。

　　總結而言，在教育民主化的時代裡，教育政策要能有效推動需要整合各方力量，而釋意理論能提供給我們教育政策制定及實施的另一思維及微觀層面，當我們理解教育現場教師的認知並加強與教師雙向溝通、建立共識，多讓教師參與及透過進修學習使教師增能，且增加教師對政策的調適能力時，則更能俾利於教育政策目標之達成。

參考文獻

王信賢（2005）。組織社會學與當代中國研究評述：反思與實踐。載於石之瑜主編，**從臨摹到反思：我國社會科學博士對歐美知識與體制的回應**（頁 213-249）。臺北市：翰蘆。

朱彩馨（2015）。溫故不知新：半新科技的意會調適。**中山管理評論，23**(1)，137-183。

朱彩馨、郭峰淵（2006）。線上學習成效：思維框架觀點之詮釋研究。**資訊管理學報，13**(2)，243-277。

李衍儒、趙永茂（2016）。公共政策棘手問題界定理論之研究：以我國觀光博弈產業政策與個案為例。**行政暨政策學報，62**，1-58。

李函俞（2013）。**使用者的科技意會、矛盾與採納：以智慧型手機為例**（未出版之碩士論文）。國立臺灣科技大學，臺北市。

吳根明（譯）。（1988）。**批判理論與教育**。Rex Gibson 原著。*Critical*

Theory and Education。臺北市:師大書苑。

吳康寧(譯)。(1994)。**非學校化社會**。Ivan Illich 原著。*Deschooling Society*。臺北市:桂冠。

吳瓊恩、陳秋杏、張世杰(譯)(1993)。**公共行政的行動理論**。Michael Harmon 原著。*Action Theory for Public Adminstration*。臺北市:五南。

吳麗華(2007)。讀非學校化社會一書對我國教育改革的建言。**網路社會學通訊期刊**,**62**。取自 http://mail.nhu.edu.tw/~society/e-j/62/62-34.htm。

何瑞萍(2014)。Dervin 與 Weick 意義建構理論之分析與比較。**大學圖書館**,**18**(1),83-105。

林仁祥(2013)。以科技釋意理論探討科技使用者之行為(未出版之碩士論文)。國立雲林科技大學,雲林縣。

林水波(2011)。**公共政策:本土議題與概念分析**。臺北市:五南。

林巧笠(2012)。**使用者對 ERP 系統的使用意願之影響因素探索研究:以 T 公司為例**(未出版之碩士論文)。南臺科技大學,臺南市。

林家五、黃國隆、鄭伯壎(2004)。從認同到開創:創業家的動態釋意歷程。**中山管理評論**,**12**(2),337-397。

周雪光(2003)。**組織社會學十講**。北京市:社會科學出版社。

侯勝宗、蕭瑞麟(2008)。科技意會:衛星派遣的人性軌跡。臺北市:台灣培生。

姜得勝(2003)。**教育問題的哲學思索**。臺北市:桂冠。

秦琍琍(2011)。**重返實踐:組織傳播理論與研究**。新北市:威仕曼文化。

張欣怡(2013)。**臺北市閱讀教育政策執行之研究:意會取向**(未出版之碩士論文)。國立臺北教育大學,臺北市。

張博雅、林珊如(2010)。從意義建構取向探討國立中央圖書館臺灣分館之視障服務。**教育資料與圖書館學**,**47**(3),283-318。

張維安(2001)。社會鑲嵌與本土化研究:以關係網絡與經濟活動研究為例。**教育與社會研究**,**2**,67-90。

徐茂練、王心怡、鐘國禎、張詩淳(2008)。保健食品消費模式之建立:符號互動觀點。**健康管理學刊**,**7**(1),59-78。

張世賢（2000）。國家機關鑲嵌自主性理論之探討：國家機關與中小企業鑲嵌關係之分析。**行政暨政策學報，2**，147-194。

許主峯（2012）。台灣科技產業企業社會責任的鑲嵌策略：一個嘗試性的分析模式。**中華行政學報，10**，23-40。

許美華（2004）。從「結構行動理論」看教學中師生的能動性。**國民教育研究集刊，12**，91-103。

許瑞宋等譯（2015）。**哈佛教你發揮救災領導力**。Amy C. Edmondson 等著。*Harvard Teaches You Disaster Relief Leadership*。臺北市：摩托羅拉系統基金會、遠見、天下文化。

梁煥煒（2010）。**服務業科技化跨業合作歷程之研究：以健康照護新服務開發聯盟為例**（未出版之碩士論文）。國立政治大學，臺北市。

陳奎憙（2003）。**教育社會學導論**。臺北市：師大書苑。

陳悅琴、蔡明宏、林明杰（2010）。創業家失敗經驗對東山再起事業經營之影響研究：以意會活動觀點探討。**管理學報，27(6)**，571-601。

湯志傑（2009）。新經濟社會學的歷史考察：以鑲嵌的問題史為主軸（上）。**政治與社會哲學評論，29**，135-193。

楊亨利、尤松文（2005）。資訊管理課程中學生學習之釋意歷程：非同步線上討論機制的使用。**資訊管理展望，7(2)**，1-29。

楊竣賀、侯勝宗、李慶芳（2015）。**兩造組織合作歷程之調適學習研究：以網路口碑為例**。取自 http://dba.kuas.edu.tw/files/archive/243_354e8b44.pdf

葉明政（2014）。國小教師對重大議題課程政策實施之個人釋意分析。**課程與教學季刊，17(4)**，173-206。

葉重新（2000）。**心理學**。臺北市：心理。

廖建容（譯）（2014）。**大賣場裡的人類學家：用人文科學搞懂消費者，解決最棘手的商業問題**。C. Madsbjerg 與 M. B. Rasmussen 原著。*The Moment of Clarity: Using the Human Sciences to Solve Your Tougest Business Problems*。臺北市：遠見天下文化。

熊忠勇（2004）。哈蒙（Michael M. Harmon）：行動理論大師。載於許道

然等編著，行政學名家選粹（一）（頁 275-310）。新北市：空大。

劉兆岩、郭進隆（譯）（2004）。洞穴人的陰影：洞察限制組織發展的信念。D. Hutchens 與 B. Gombert 原著。*Shadows of the Neanderthal: Il-luminating the Beliefs That Limit Our organizations*。臺北市：天下遠見。

潘慧玲、張淑涵（2014）。策劃學校發展的資料運用：一所高中的個案研究。**教育科學研究期刊，59**(1)，171-195。

蔡敦浩、施進忠、利尚仁（2010）。敘說創業故事：覺察、學習與再詮釋。**組織與管理，3**(2)，67-91。

蔡進雄（2014）。從公共政策特徵看教育政策評估之必要性。**國家教育研究院電子報，102**。取自 http://epaper.naer.edu.tw/index.php?edm_no=102&content_no=2408

蕭瑞麟（2011a）。人之常情，不一定理性。載於姜雪影譯，不理性的力量：**掌握工作、生活與愛情的行為經濟學**（推薦序）。Dan Ariely 原著。臺北市：天下遠見。

蕭瑞麟（2011b）。**讓脈絡思考創新：喚醒設計思維的三個原點**。臺北市：天下遠見。

蕭瑞麟、侯勝宗、歐素華（2011）。演化科技意會：衛星派遣科技的人性軌跡。**資訊管理學報，18**(4)，91-118。

魏汎珊（2007）。**教師評鑑政策執行之研究：意會的取向**（未出版之碩士論文）。國立臺北教育大學，臺北市。

羅家德（2001）。人際關係連帶、信任與關係金融：以鑲嵌性觀點研究台灣民間借貸。載於張維安主編，**台灣的企業組織結構與競爭力**（頁223-261）。臺北市：聯經。

蘇建宏、洪志成（2015）。美力政策？美麗政策？書寫一位教師在政策與實務間的看見。**教育研究學報，49**(2)，95-114。

Bijsma, N., Schaap, H., & de Bruijn, E. (2016). Students' meaning-making and sense-making of vocational knowledge in Dutch sensior secondary vocational education. *Journal of Vocational Education and Training, 68*(3), 378-394.

Blumer, H. (1962). Society as symbolic interaction. In A. M. Rose(Ed.), *Human behavior and social processes* (pp.179-192). London: Routledge & Kegan Paul.

Blumer, H. (1969). *Symbolic interactionism: Perspective and method*. Englewood Cliffs, N.J.: Prentice-Hall.

Cambe, I. A., & Carrington, D. J. (2015). Leaders'sensemaking under crises: Emerging cognitive consensus over time within management teams. *The Leadership Quarterly*, *26* (3), 307-322.

Daft, R. L., & Weick, K. E. (1984). Toward a model of organizations interpretation system. *Academy of Management Review*, *9*(2), 84-295.

Datnow, A., & Park, V. (2009). Conceptualizing policy implementation: Large-scale reform in an era of complexity. In D. N. Plank, B. Schneider, & G. Sykes(Eds.), *Handbook on educational policy research* (pp.348-361). Washington, DC: American Educational Research Association.

Evans, P (1995). *Embedded autonomy: States and industrial transformation*. Princeton, N.J.: Princeton University Press.

Ferlie, E., Fitzgerald, L., Wood, M., & Hawkins, C. (2005). The nonspread of innovations: The mediating role of professionals. *Academy of Management Journal*, *48*(1), 117-134.

Fiske, S. T., & Taylor, S. E. (1991). *Social cognition*. New York:McGraw-Hill.

Fowler, F. C. (2000). *Policy studies for educational leaders: An introduction*. New York: Pearson Education.

Gartner, W. B., Carter, N. M., & Hills, G. E. (2003). The language of opportunity. In C. Steyaert & D. Hjorth(Eds.), *New movements in entreneurship* (pp.103-124). Cheltenham, UK: Edward Elgar.

Giddens, A. (1984). *The constitution of society: Outline of the theory of construction*. Cambridge, UK: Polity Press.

Gioia, D. A., & Thomas, J. B. (1996). Identity, image, and issue interpretation: Sensmaking during strategic change in academia. *Administrative Science Quarterly*, *41*(3), 370-334.

Granovetter, M. (1985). Economic action and social structure: The problem of embedded. *American Journal of Sociology, 91* (3), 481-510.

Harmon, M. (1981). *Action theory for public administration*. New York: Lingman.

Louis, M. R., & Sutton, R. I. (1991). Switching cognitive gears: From habits of mind to active thinking. *Human Relations, 44* (1), 55-76.

Magala, S. J. (1997). The making and unmaking of sense. *Organization Studies, 18* (2), 317-338.

Maitlis, S. (2005). The social processes of organizational sensemaking. *The Academy of Management Journal, 48* (1), 21-49.

Maitlis, S., Vogus, T. J., & Lawrence, T. B. (2013). Sensemaking and emotion in organizations. *Organizational Psychology Review, 3* (3), 222-247.

O'Meara, K., Lounder, A., & Campbell, C. M. (2014). To heaven or hell: Sensemaking about why faculty leave. *Journal of Higher Education, 85* (5), 603-632.

Philip, T. M. (2011). An "ideology in pieces" approach to studying change in teachers' sensemaking about race, racism, and racial justice. *Cognition and Instruction, 29* (3), 297-329.

Scott, W. R. (1998). *Organizations: Rational, natural, and open systems*. Upper Saddle River, NJ: Prentice Hall.

Smerek, R. E. (2013). Sensemaking and new college presidents: A conceptual study of the transition process. *Review of Higher Education, 36* (3), 371-403.

Weber, K., & Glynn, M. A. (2006). Making sense with institutions: Context, thought and action Karl Weick's theory. *Organization Studies, 27* (11), 1639-1660.

Weick, K. E. (1979). *The social psychology of organizing*. Addison-Wesley, Mass.

Weick, K. E. (1990). Technology as equivoque: Sensemaking in new technologies. In P. S. Goodman & L. S. Sproull(Eds.), *Technology and Organizations* (pp.1-44). San Francisco: Jossey-Bass.

Weick, K. E. (1993). The collapse of sensemaking in organizations: The Mann

Gulch Disaster. *Administrative Science Quarterly*, *38*, 628-652.

Weick, K. E. (1995). *Sensemaking in organizations*. Thousand Oaks, CA: Sage.

Weick, K. E., Sutcliffe, K. M., & Obstfeld, D. (2005). Organizing and the process of sensemaking. *Organization Science*, *16* (4), 409-421.

本文 2018 年發表於教師專業研究期刊第 16 期，頁 1-24。

第五章

論教育政策變遷對教育政策制定的啟示

壹 前言

公共政策是政府的所作所為（蘇偉業譯，2010），故教育政策就是政府對於教育的所作所為，且教育政策對教育的影響既廣且深，顯然地教育政策之探究有其重要性。而從政策研究的演進來看，在 1950 年至 1960 年代，政策研究的焦點集中於政策規劃問題；於 1960 年至 1980 年代間，政策學者則強調重視政策執行、議程設定、政策評估及政策終結；從 1990 年代迄今，政策學者進一步擴展研究領域並發展出政策變遷（policy change）的概念（陳恆鈞譯，2001）。由此可見，政策變遷是當前政策研究的重要課題及顯學。

由於政策問題具有動態性，其內容與解決方法總是隨著時空的轉移而變動。順此推理，公共政策並非一旦形成之後就保持不變（陳恆鈞、劉邵祥，2007）。換言之，公共政策本身並非原子化的存在，每每具有脈絡性並鑲嵌在一定的時空情境脈絡之內，政策常是政策本身與情境脈絡間相互激盪影響的結果（林水波、王崇斌，1998）。在面對瞬息萬變的時代，政府政策內容應及時更新，若未能適時適當因應，將產生寧靜的革命（陳恆鈞、劉邵祥，2007；Friedman, 2005）。教育政策亦常變遷，從國民教育政策到高等教育政策等各類政策幾乎都在進行政策變遷，以不斷精進及呼應國家教育需求。

林水波與張世賢（2008）引用 Anderson 所述，指出政策變遷的三種樣態：(1) 現行政策的漸進調適；(2) 在特殊的政策領域制定嶄新的政策；(3) 選民於大選中進行政黨支持對象的重組而導致往後的政策變遷。綜言之，政策深受時空及社會政治環境的影響，亦即政策在制定之後不一定能夠永續存在，因此，政策變遷成為一種常態的現象（林水波、張世賢，2008）。同樣地，教育政策亦深受政治經濟、時空環境及全球教育趨勢的影響，教育政策制定後不完全都是一成不變，而是會有所演化或改變的，例如國內師資培育政策變遷受到政治及教育環境影響、108 新課綱與全球教育趨勢息息相關，故教育政策變遷對於教育政策制定是有其探討的必要性及價值性。綜言之，本文首先探討政策變遷的意涵及類型，接著敘述政

策變遷發生之原因，之後闡述政策變遷對教育政策制定的啟示與省思，以供教育相關單位之參考。

貳　政策變遷的意涵及類型

一、政策變遷及教育政策變遷的意涵

Lester 與 Stewart 陳述政策變遷意味著以一個或更多的政策取代現存的政策，包括新政策的採用或是現存政策的修正以及廢止（陳恆鈞譯，2001）。邱素香（2009）表示政策變遷係指一項或多項當前的政策被其他政策所取代的現象，包括新政策的採用或是現存政策的修正與廢止。丘昌泰（2010）認為政策變遷是一項或多項當前政策被其他政策所取代的現象，這意味著舊政策的修改與新政策的採納。吳定（2012）則指出政策變遷是指一項或多項既有的政策被其他政策所取代或作若干調整的現象。

檢視上述可知，各家觀點對於政策變遷的意涵頗為相近，筆者進一步將教育政策變遷定義為教育政策變遷是以一個或一個以上的教育政策來取代現有的政策，有可能是舊教育政策的修正調整，也有可能是新教育政策的引入或舊政策的停止。

二、政策變遷的類型

Peters 於 1993 年陳述政策經評估後，會有三種可能：政策維持（policy maintance）、政策終止（policy termination）或政策接替（policy succession），其中政策接替有以下的型態（丘昌泰，2010；Peters, 1993）：(1)直線型：是指現行的政策被其他政策直接取代；(2) 強化型：將某些過去的舊政策併入新政策當中；(3) 分離型：將某項政策或計畫分成兩種或多種以上的內涵；(4) 非直線型：是比較複雜的改變模式，可能成立新的行政機構，可能在許多舊的政策中制定另一套新的政策或計畫。

Rose 與 Davies 於 1994 年曾從政策目標及政策工具的改變，區分為政策變遷的型態，如表 5-1 所示，說明如下（張嘉育，2011）：

1. 政策維持：對所繼承之政策方案的目標與手段均加以維持。

2. 調整政策工具：在既有的政策目標下，以更有效的方案工具取代。

3. 宣示目標：新決策者僅宣示新的政策目標，但對實際的政策內容並無任何改變。

4. 進行政策創新（policy innovation）：同時改變政策目標與工具，此為最困難的變遷型態。

表 5-1　Rose 與 Davies 的政策變遷類型

手段＼目標	目標不變	目標改變
手段不變	政策維持	政策目標宣示
手段改變	政策工具調整	政策創新

資料來源：張嘉育，2011：157。

Hogwood 與 Peters 於 1983 年依據政策變遷所需要的組織、法令及經費將政策變遷分為四類型，如表 5-2 所示，即為政策創新、政策接替、政策維持及政策終結。政策創新是所有的組織、法令及經費皆必須予以設立，政策接替是在現行政策之基礎上做改變，政策維持是對現行政策全然遵循既有的方式運作，政策終結是舊有政策宣告終止，以新的政策全盤取而代之（張嘉育，2011；Hogwood & Peters, 1982）。

表 5-2　Hogwood 與 Peters 的政策變遷類型

類型	政策創新	政策接替	政策維持	政策終結
組織	無既存組織	有部分組織被調整	現有組織不變	現有組織被裁撤
法律	無既有法令	某些法令被取代	法令未修改	相關法令被撤銷
經費	無編列經費	有些經費繼續存在	預算項目持續存在	所有經費被刪除

資料來源：張嘉育，2011：159。

　　林水波與王崇斌（1998）從批判論的角度指出政策變遷過程主要包括解構及再建構兩個面向來觀察，並有政策接續、政策成長、政策演化及政策終結等四個主要變遷類型。孫煒（2002）將政策變遷區分為涉及典範轉移的政策終結與漸進調整的政策接替，政策終結與政策接替若配合政策網絡與政策社群一致程度的高低，可以區分為開放性政策終結、封閉性政策終結、開放性政策接替及封閉性政策接替。劉書彬（2007）表示經過評估的政策，一般會有三種可能：一是政策達到既定目標，人民滿意度高，政策會繼續執行；二是政策立意良好，但相關配套措施不周全，因此透過政策修改，重新確定新的民意需求與支持，該政策才會持續執行；三是終止執行，主要是因為情勢變遷，現況已與決策當時的背景環境有相當大的差異，此時可能出現政策目標轉移之情形，因此需要改弦易轍加以終止。

　　吳定（2012）則指出政策變遷包括：(1) 政策創新是指制定一項新的法律或命令，以取代舊的法律或命令；(2) 政策接替是在現行政策基礎之上進行改進，現行政策變動幅度不大；(3) 政策維持是指政策方案幾乎未作修正而維持不變；(4) 政策終結是指舊有的公共政策完全結束，代之以全新方向及內涵的公共政策。

　　丘昌泰（2010）亦進一步指出，基本上，政策變遷採取四種方式：(1) 政策創新：即在特定政策領導上制定一項全新的法律或計畫，以取代舊的法律或計畫；(2) 政策接替：在現行政策基礎上作漸進改善，變動幅度並不大；(3) 政策維持：即公共政策維持不變；(4) 政策終結：即舊的公共政策予以終結，代之以全新的公共政策。

　　檢視上述對於政策變遷類型，學者間各有不同的分類標準及看法，而普遍被引述的政策變遷類型是 Hogwood 與 Peters（1983）、吳定（2012）、丘昌泰（2010）所主張的政策維持、政策接替、政策創新及政策終結四種分類。茲將教育政策變遷進一步闡明申述如下：

　　1.「教育政策維持」是保有原來的教育政策不作改變，例如國內 6-3-3 學制，長期以來都是維持既有的學制。

　　2.「教育政策接替」是對於教育政策進行微調修改或滾動式修正，教育政策接替在國內頗為常見，例如大學入學政策每年都會有滾動式調整。

3.「教育政策創新」是以全新的政策來推動教育政策及改革,近年來國內亦有無中生有之教育政策創新,例如「國民中小學城鄉共學夥伴學校計畫」,透過城鄉師生相互訪視及學習,就是一項過去從未實施的教育政策創新(106 學年度推動國民中小學城鄉共學夥伴學校計畫,2016)。

4.「教育政策終結」是將既有的教育政策加以終結停止,亦即教育政策制定者對於某項政策加以停止或轉向,但同時也有可能會面對反對者的抵制。

參 教育政策變遷發生的原因

Lester 與 Stewart 表示很少有政策一直維持著當初被採納時的形式,它通常持續變化著(陳恆鈞譯,2001),故政策之變遷是常見的一種現象。Kingdon 曾提出三個分流(streams)的概念,即問題、政策及政治。第一個是問題分流,對於政策變遷的發生,政策行動者必須承認存在著問題,如問題成為焦點事件(focusing event);第二個是政策分流,即產生政策方案來處理呈現中的問題;第三個是政治分流,即因選舉之後的權力重組或意識形態的重大轉變,過去不會被視為問題的狀況可能轉進為政治議題,政治分流是民選官員、選民及有組織的政治力量間討價還價的結果。三流匯合則會營造出政策之窗(policy window)來促進快速的政策變遷(蘇偉業譯,2010)。

李允傑與丘昌泰(2009)陳述政策變遷受到兩種外在因素的影響:(1) 相對穩定變項:包括問題領域的基本特徵、自然資源的基本分配、基本的文化價值與社會結構、基本法制結構;(2) 動態事件變項:包括社經條件與科學技術的變遷、系統統治聯盟、來自於其他次級體系的政策決定與衝擊。陳恆鈞(2009)也認為一項政策制定後往往隨著時間發展,受到政治現實與社會複雜性影響而產生變遷,在其研究中並指出時間、政策理念、關鍵個人決策、機構運作方式與政策形象是影響我國高速公路電子收費系統政策變遷的主因。

質言之,政策變遷是無法避免的事,公共政策從開始的問題界定、

議程設立、政策規劃、政策執行到政策評估，很少不被更改的（丘昌泰，2010）。職此之故，教育政策亦會面對政策變遷的事實，至於教育政策為何要更改，參酌林水波與張世賢（2008）、丘昌泰（2010）的觀點，闡述教育政策變遷的理由如下：

1. 所推行的教育政策產生不良副作用或效果不顯著，故需要進行教育政策的修正或終止。

2. 教育政策常受教育潮流、社會經濟及時空環境背景等因素的影響，所以教育政策時有所變遷仍是常態，例如師資培育政策就是一種政策變遷，從過去一元化轉變成為目前多元開放的師培政策。

3. 政策與政治兩者息息相關，故教育政策常會隨著政黨輪替、意識形態及執政者的政見而有所改變，例如課程內容及政策就會受到執政黨意識形態的影響而調整。

肆　教育政策變遷的相關研究

黃子彥（2006）經由研究過程及結果發現，我國師資培育變遷的過程中，發現政策變遷主要是依循著經濟、社會及政治三者之依序影響所引發的結果。鄭嘉偉（2006）也研究我國國小師資培育政策變遷之過程，得到以下幾個結論：(1) 師資培育與供給受師資需求影響；(2) 師資培育與任用無法完全以市場機制運作；(3) 國小師資數量供過於求，使得師資難以新陳代謝。

邱素香（2009）研究國內教育優先區的政策變遷，主要研究結果顯示：(1) 自 1996 到 2009 年教育優先區政策執行期間，政策標的對象、服務範圍、政策工具等都隨著情境脈絡的變遷而逐年修訂；(2) 專家學者、中央及地方教育行政機關人員、國小校長對於教育優先區政策變遷之論辯，因其角色地位差異而具不同論點；(3) 對於教育優先區政策未來的規劃與執行，宜做鉅觀檢視調整，以與其他相關政策競合。周芳怡（2011）以教育部之建立社區教育學習體系計畫為例，探究我國政策創新與執行，研究發現該計畫之創新政策執行初期是著重多元實驗，以原則代替規則，

創新政策執行中期是兼重效率與品質，強調互動式對話而非權威式命令，創新政策執行後期是建立具彈性的績效指標，以評估取代評鑑。王如茵（2012）探討一所小學現場對藝術教育政策變遷的回應，依結果建議藝術教育政策變遷不宜過快、過多。

經由上述研究可知，各類教育政策並非一成不變，有些是漸進式變遷，而有些教育政策是傾向非漸進式之大幅變革，且教育政策常受政治經濟、政策利害關係人及社會環境之影響。舉例而言，我國教育優先區的政策變遷，在補助指標之界定上，就常隨著國內社會及教育情境脈絡的變遷而逐年進行滾動式修訂。

伍、教育政策變遷對教育政策制定的啟示與省思

一、關注政策企業家的投入

政策企業家是指願意投入他們的資源，包括時間、精力、名聲及金錢等，以促進目前狀況，並預期未來能獲得物質、目的或利益上的回饋之倡導議者（Kingdon, 1984）。政策企業家之所以能成功可能原因為：(1) 政策企業家具備專業知識、領導魅力或是權威；(2) 政策企業家可能擁有良好的政治關係或協商技巧；(3) 政策企業家的堅持不懈精神，這可能是最重要的因素（陳恆鈞、劉邵祥，2007；Kingdon, 1984）。

由於政策企業家對於教育政策具有影響力，因此，教育政策制定時應注意政策企業家的投入及動向，例如許多教改團體及學者專家對於教育政策就常會透過媒體及社會運動發揮影響力，故應密切關注教育政策企業家的投入及理念想法。

二、慎用教育政策終結

Dunn 表示政策終結意指一項政策或計畫的終止，但這也代表另一個政策循環的開始（馬群傑譯，2011），亦即政策終結並不一定會有接替的政策，如政策問題已解決，則政策可能完全終結，若問題未解決，則終結

後可能會有其他政策加以接替（張嘉育，2014）。政策終結又可分為功能的終結、組織的終結、政策的終結及計畫的終結（丘昌泰，2010）。

至於政策終結的方式，Lester 與 Stewart 指出通常可以運用兩種基本方法來達成，分別是：(1) 迅雷不及掩耳（big bang）：這種方法通常是決策機關以非常迅速的方式發布一項決策或命令，將某方案予以終止；(2) 長聲哀泣（long whimper）：是以較為緩和的步調逐漸廢除一個政策、方案或組織（陳恆鈞譯，2001）。林水波與張世賢（2008）建議儘量不要放試探性空氣，因為終結的空氣一放，即會引起政策受益者及理念上支持者的響應，杯葛終結的進行，使政策不易終結停止。孫煒（2002）則主張除非確認新的政策典範已然制度化，否則不要輕易以迅雷不及掩耳的方式終結政策。由此可見，對於政策終結的方式要考慮的面向相當多，政策本身及情勢都是需要納入的考量因素。

此外，值得注意的是，政策與政治或執政黨政見息息相關，故政策終結的一般理由多基於價值及意識形態的判斷而非理性的考量（孫煒，2002；Harris, 1997）。因此，雖然政策終結的理由常是政策本身不具效果或有反效果，但也有人指出那只是表面的理由，政治及意識形態才是主要因素（丘昌泰，2010），故政治及意識形態也是探究教育政策終結所必須關注的面向。

綜言之，在進行教育政策變遷之政策終結時，如該教育政策問題已解決，則此教育政策將可完全終結；如尚未解決，則教育政策終結後應該有其他教育政策加以取代。而教育政策終結之方式有迅雷式及漸進式，不論是迅雷式或漸進式均需顧及政治及意識形態的問題，才更易觀察教育政策終結的背後真正原因。此外，在進行教育政策終結之前，亦宜實施教育政策評估，以使教育政策終止有其合理性。

三、體認了解政策變遷的倡議聯盟架構

Sabatier 於 1988 年提出政策變遷的倡議聯盟架構（advocacy coalition framework of policy change）受到眾多學者的注意，該架構中以政策變遷取代政策執行一詞，其原因在於政策執行過程本身就是改變政策內涵及政策

取向學習的過程。Sabatier 所建構的倡議聯盟架構建立在三項基本命題上（李允傑、丘昌泰，2009）：(1) 政策變遷過程的了解至少必須花費十年以上的時間來長期觀察；(2) 必須透過政策次級體系來掌握長期的政策變遷過程，不能僅以狹隘的政府機關施政計畫的改變來詮釋整體政策變遷的現象，亦即不能僅是傳統的行政部門、國會及利益團體之鐵三角理論，必須擴大範圍包括政策次級體系，而所謂政策次級體系包括公私部門的行動者，如企業、政客、利益團體領導者、知識分子等；(3) 公共政策執行不能僅從數據變化來判斷政策的變遷情形，而必須涵蓋信仰體系的變化、該體系涉及價值優先性、因果關係、世界狀態的認知及政策工具有效性的認知等。

綜言之，政策倡議聯盟架構是近年來受到矚目的政策變遷理論架構，內涵及陳述觀點相當值得吾人在進行教育政策變遷的參考，例如我們也可以觀察到許多教育改革團體或學術界意見領袖常是影響教育政策制定或變遷的力量來源。

四、掌握政策變遷的標竿原則

進行政策變遷可以掌握以下六項標竿原則（林水波，2006）：(1) 時效性：有些政策具有時間性，故除了要謀定而後動，也要準確拿捏時間及情勢演變；(2) 替代性：在調整現行政策之際，要尋找有效的替代方案，也就是說，在終結政策之前或調整之先，宜設計富有說服力的替代方案；(3) 本益比：政策變遷的基礎之一乃本益比的理智考量，即回歸現實之理性考量；(4) 脈動性：任何政策的變遷，除了專業理性外，還要斟酌政策利害關係人的意見及回應民意；(5) 開放性：政策宜秉持開放態度，公開相關資訊並進行討論；(6) 合理性：多數政策是人類智慧及科技所能處理的範圍內，如不是，則要仔細且慎重考量，絕不可意氣用事。總結說來，教育政策變遷必須掌握上述重要原則，例如當下情勢及時間的時效性、有其他教育政策之替代方案、關注教育政策利害關係人及民意反應等。

五、進行教育政策評估

決策者不可倉促或草率下做成相關變遷的決定，換言之，政策變遷並非小事，所以要深刻了解「事大不可速成」的道理，才不至於促使變遷得不償失（林水波、張世賢，2008）。因此，教育政策變遷之前進行教育政策評估就成爲必要的過程。

政策評估是針對政策的實際績效及其預期績效間的差距，加以審慎判斷的過程（林鍾沂，2002），是故我們可以明確主張政策評估是政策變遷的基石（林水波、張世賢，2008），此乃不論是進行教育政策創新或教育政策終結，教育政策評估是不容忽略的過程，因爲唯有實施教育政策評估，才有專業基礎或證據來支持教育政策變遷，也才不會一廂情願。以教育政策創新觀之，一般民眾都會期待教育政策有所創新，然教育政策創新是從無到有的新政策制定現象（張嘉育，2011；Hogwood & Peters, 1983），更需要進行教育政策評估，故許多的教育政策創新，若能進行審慎的事先評估，則教育政策更容易推動與落實。

陸、結語

由於政策本身在設定的同時具有脈絡性，是特定背景條件下的政策選擇，因此當時空轉移，政策本身自然會與不同情境脈絡之各種因素互相激盪影響，政策內容之及時更新因應，致變遷乃成爲一種常態（邱素香，2009），是以教育政策的擬定及推動絕不是一成不變，教育的政策及方向亦隨時空環境有所調整及改變，如入學考試的檢討修正就是一種政策的變遷，又如高等教育、技職教育或師資培育的發展政策近年來亦有所變革，故教育政策變遷是值得探討的課題。總括而言，本文首先探討政策變遷的意涵及類型，並闡述教育政策變遷對於教育政策制定的啟示，包括注意政策企業家的投入、慎用教育政策終結、體認了解政策變遷的倡議聯盟架構、掌握政策變遷的標竿原則及進行教育政策評估等，以供教育政策制定的參考。

﹛參考文獻﹜

106 學年度推動國民中小學城鄉共學夥伴學校計畫（2016）。取自 http://www.ypjh.tn.edu.tw/core/attachments/article/3883/%E8%A8%88%E7%95%AB.pdf

王如茵（2012）。一個小學現場對藝術教育政策變遷之回應。國立臺北教育大學課程與教學研究所碩士論文，未出版，臺北市。

丘昌泰（2010）。**公共政策：基礎篇**。高雄市：巨流。

吳定編著（2012）。**公共政策辭典**。臺北市：五南。

李允傑、丘昌泰（2009）。**政策執行與評估**。臺北市：元照。

林水波（2006）。政策變遷的三面向分析。**政策研究學報**，**6**，1-18。

林水波、王崇斌（1998）。政策論述與政策變遷的關聯性：批判取向的分析。**台灣政治學刊**，**3**，195-273。

林水波、張世賢（2008）。**公共政策**。臺北市：五南。

林鍾沂（2002）。**行政學**。臺北市：三民。

周芳怡（2011）。**我國政策創新與執行模式之研究：以教育部「建立社區教育學習體系計畫」為例**。國立政治大學公共行政研究所博士論文，未出版，臺北市。

邱素香（2009）。**教育優先區政策變遷之研究**。國立臺北教育大學教育政策與管理研究所碩士論文，未出版，臺北市。

張嘉育（2011）。**課程政策**。新北市：冠學文化。

黃子彥（2006）。**我國師資培育政策變遷與政策順服之研究：以花蓮地區為例**。國立東華大學公共政策研究所碩士論文，未出版，花蓮市。

陳恆鈞（譯）（2001）。公共政策：**演進研究途徑**。J. P. Lester & J. Stewart, JR 原著。臺北市：學富文化。

陳恆鈞（2009）。我國高速公路電子收費系統政策變遷之分析：整合型分析模式。**政治科學論叢**，**39**，1-54。

陳恆鈞、劉劭祥（2007）。由政策選擇觀點談政策變遷。**T&D 飛訊**，

56，1-18。

鄭嘉偉（2006）。**我國國小師資培育政策變遷過程之研究**。佛光人文社會學院公共事務學系碩士論文，未出版，宜蘭縣。

馬群傑（譯）（2011）。**公共政策分析**。W. N. Dunn 原著。臺北市：台灣培生。

孫煒（2002）。**公共政策與教育規劃：政府與非營利組織的人力資源管理**。臺北市：翰蘆圖書。

劉書彬（2007）。**政治學概論**。臺北市：三民。

蘇偉業（譯）（2010）。**公共政策入門**。K. B. Smith & C. W. Larimer 原著。臺北市：五南。

Friedman, T. L. (2005). *The world is flat*. New York: Farrar, Ataus and Giroux.

Harris, M. (1997). Policy termination: Uncovering the ideological dimension. *International Journal of Public Aadministration*, *20*(12), 2151-2175.

Hogwood, B. W., & Peters, B. G. (1982). The dynamics of policy change: Policy succession. *Policy Sciences*, *14*, 225-245.

Hogwood, B. Peters, (1983). *Policy dynamics*. New York, NY: St. Martin's.

Kingdon, J. W. (1995). *Agenda, altrenatives, and public policy analysis*. Boston: Little, Brown.

Peters, G. (1993). *American public policy: Promise and performance*. Chatham, N.J.: Chatham House.

Rose, R., & Davies, P. L. (1994). *Inheritance in public policy: Change without choice in Britain*. New Haven, CT: Yale University Press.

Sabatier (1988). An advocacy coalition framework of policy change and the role of policy-oriented learning therein. *Policy Science*, *21*, 129-168.

本文 2020 年曾發表於學校行政雙月刊第 128 期，頁 284-295。

第六章

教育政策分析家角色與
專業素養之探析

壹、前言

二十一世紀因為許多政策問題逐漸增加，所以將需要更多的政策分析家加入（陳恆鈞譯，2001）。如果公共政策制定過程的判斷基礎不夠穩固，到政策執行會產生相當的困難，由此愈加說明政策分析及政策分析師的重要性（曹俊漢，1980）。大致說來，政策分析家有兩個來源，其一是機關組織內部的專才，如機關內的研考或企劃專業人員；其二是組織外的專才，如學術機構或研究機構的學者專家或研究人員（吳定，2003）。

作為一位政策分析家，一方面需以實事求是的求真態度分析公共問題的癥結，找出政策過程中的多元因果關係，另一方面更需以求善求美的價值關懷向政策制定者或社會大眾表達理想的未來發展藍圖，因此，我們可以說政策分析是一門追求真善美的專業活動，而政策分析家的願景就是希望明天會更好（丘昌泰，2007）。準此，教育政策分析是尋求教育之真善美的專業活動，經由教育政策分析家的專業探究，期望能提供教育決策者建設性建言，以使未來的教育能更美好，可見教育政策分析家對於教育決策將扮演愈來愈重要的角色。

由於新世紀的公共政策愈來愈顯複雜，是以早在 1980 年曹俊漢就曾剴切主張政策分析必須變成為一個政府機關中嶄新而重要的職業性角色，政策分析人員的職位應該在政府各部門普遍設立，其地位屬於接近上層決策環的職位，並與上層行政人員建立合作關係。綜言之，教育政策分析家在教育政策領域較少有人加以探討，可說是國內教育政策學術研究之缺口，但未來教育政策分析家對國家教育發展有其重要性，爰此，本文擬藉由政策分析之相關探討引申，建構教育政策分析家的相關理論，以作為未來培養教育政策分析家之參考。

貳、教育政策分析的定義

政策分析（policy analysis）是一門應用社會科學（Dunn, 2018），

Rosenbloom 與 Kravchuk 指出政策分析是考量什麼政策可以達成目標，同時評估分析透過何種執行政策的程序而有助於目標的達成（呂育誠、陳恆鈞、許立一譯，2002）。Dunn 將政策分析定義爲是一種多種學科探討的過程，用以創造、批判地評量及溝通資訊，以有助於了解並改進政策（張世賢，2010；Dunn, 2018）。Dye 陳述政策分析即是要找出政府做什麼、爲何採取如此行動，以及行動本身造成的差異，亦即描述政府做哪些事，分析政府做這些事的原因或決定因素，以及探究公共政策的結果或影響（impacts）（羅清俊、陳志瑋譯，2010）。曹俊漢（1980）主張政策分析一詞係指對政策可能選擇方案進行有系統的調查與研究，並對其每一個方案之正反意見作整合性分析的一種過程。吳政達（2002）認爲教育政策分析是指對教育政策的形成、執行與成效加以系統化的研究，以累積教育政策之相關知識，俾助於教育政策問題之有效解決。張芳全（2004）主張教育政策分析是在教育情境之下，運用社會科學的方法及問題的解決技術，以解決教育情境下之問題，最終的目的是在達成教育目標。丘昌泰（2010）表示政策分析是針對政策問題，設計解決方案所進行的，且以主雇爲導向的科學智識活動。袁振國（2010）認爲教育政策分析是指對備選的各種教育政策方案進行系統的調查研究，分析評價各教育政策方案的優劣，尋求各教育政策方案內部的因果關係，並對各教育政策方案可能產生的後果提出預測的過程。此外，Dye 也指出政策分析涉及以下三方面：(1) 主要的關心重點是解釋而非指示政策方案；(2) 嚴謹地探究公共政策的原因與結果；(3) 發展並驗證有關公共政策的原因與結果之一般性命題，並累積相關可信賴的研究結果（羅清俊、陳志瑋譯，2010）。Hogwood 與 Gunn 則表示政策分析具有下列幾項特點：(1) 政策分析是應用科學取向而非基本學科取向；(2) 政策分析強調科際整合的多元學科；(3) 政策分析重視政治敏感性計畫；(4) 政策分析是主雇取向的（丘昌泰，2010）。

　　綜合上述可知，各家對政策分析的定義及特性看法不一，而歸納說來，我們可以將教育政策分析界定爲係指對教育政策進行有系統地分析探討，並從多項政策方案中選擇提出有效的方案，供教育政策決策者解決教育政策問題之參考，以利達成教育政策目標。

參 教育政策的分析取向

政策分析觀點可以探究教育議題的有效性及可行性（林煥民，2009），而教育政策分析可能需要經驗、價值及規範等三種分析方式，如表 6-1 所示。經驗取向是一種用來描述某一特定公共政策的因果，例如教育政策分析家可描述、解釋及預測教育政策之資源分配對於學生成就的因果關係；價值取向主要決定某項教育政策的價值，探討教育政策的價值；至於規範取向主要是提出未來行動建議，關心應採取何種行動（張世賢，2011）。

由上述可知，教育政策分析主要有經驗、價值及規範等三種取向，基本上，教育政策分析可以視目的融合此三種取向的分析方式，例如對於十二年國民基本教育的政策分析，可以分析實際運作後的情形，並闡明十二年國民基本教育的價值，最後提出十二年國教應該推動的具體策略及做法。

表 6-1 政策分析的三種取向

取向	主要問題	資訊形式
經驗的	是否或將否存在？（事實）	描述的及預測的
價值的	有何價值？（價值）	價值的
規範的	應採取何種行動？（行動）	規範的

資料來源：張世賢，2011：92。

肆 政策分析、政策研究與社會科學學術研究

對於政策分析與社會科學學術研究及政策研究，Weimer 與 Vining 曾指出三種之間的區別，有助對政策分析的進一步理解，如表 6-2 所示，社會科學學術研究基本上是以「求眞」的科學態度，以建構具有邏輯推理與經驗意涵的社會理論；政策研究是以社會科學方法探討公共政策的問題，如何將政策研究發現轉化爲政府的決策行動爲其面對的難題之一；而政策

分析是向政治行動者分析與提供解決社會問題的方案，其弱點是主雇取向與時間壓力所造成的短視（丘昌泰，2010；Weimer & Vining, 1992）。

Cook 與 Vaupel 認為政策分析（policy analysis）是對界定的問題提出一套簡潔的對策，此一分析可能要花上幾天或幾個星期時間準備；政策研究（policy research）是針對廣泛的問題提出專論，此類分析可能需要一整年或更久時間準備；而應用的社會科學研究（applied social science research）則是對於具有明確結果的政策介入所作之學術結果評估（陳恆鈞譯，2001）。Dunn 對於政策科學也將之區分為基礎性及應用性兩種，前者的類型、目標是學術研究和學理的提升，後者的類型及目標是經世致用及社會的提升（張世賢，2011）。Agustina 與 Sutarih（2020）則認為系統思考對於政策分析具有重要性，因藉由系統思考可以整體了解複雜的政策問題。

申言之，教育學術研究是在於追求真理，因為純學術研究，故教育政策問題並不是其最為關心的研究題材，教育政策研究則是運用一年或較長的時間進行，對於某一教育政策問題的系統探討，而教育政策分析是在較短時間內提供教育政策之對策。

表 6-2 政策分析與社會科學學術研究、政策研究之區別

專業領域	主要目標	主雇類型	型態	時間限制	弱點
社會科學學術研究	建構了解社會的理論	以真理為界定範疇的主雇	嚴謹的方法論建構與考驗理論；通常是回溯性的	很少有外在時間限制	經常提出與決策者需求無關的資訊
政策研究	預測政府操控變項改變後的可能衝擊	政策領域中的行動者	以正式方法論應用於政策問題；結果預測	間或有時間壓力，但可因問題重現而緩和	將發現轉化為政府行動的困難
政策分析	向政治行動者分析與提供解決社會問題的方案	特定決策者或集體決策者	匯合當前研究與理論，以評估未來不同決策的後果	與特定決策點緊密相連的分析任務之完成	主雇取向與時間壓力所造成的短視

資料來源：丘昌泰，2010：92。

伍 教育政策分析家的角色

　　政策分析家是指從事政策分析或政策宣導的專家幕僚（丘昌泰，2010），Dror 對於如何成為更優秀的政策分析家提出幾個條件，闡明如下（陳恆鈞譯，2001）：(1) 應該具有歷史與對照的觀點，對於歷史的疏忽將無法洞察過去的分析，而限制我們的知識；(2) 應該了解公共政策制定的真實情形，且利用單一研究途徑完成政策分析是相當危險的；(3) 應深入研究本身的社會，必須把逆境情況置於更廣闊的社會問題系絡中加以了解；(4) 應研究整體的政策議題，政策分析家應該進行整體政策議題研究，並致力於擴大個人專長；(5) 應該致力於後設決策，除了解釋決策外，也應致力於改善決策；(6) 應該建構知識與行為的適當哲學，洞察政策科學知識來源與決策基礎；(7) 應藉著轉換不同的工作地點，並利用時間學習其他文化及語言，以擴展研究途徑與經驗；(8) 應該有多元的訓練基礎並且注意專業倫理。

　　吳政達（2002）指出政策分析人員因具有專業知識及技術，其對於政策決策過程中之影響是無可避免的，因此，政策分析不僅是政策諮詢而已，應該進一步扮演政策倡導的功能。吳定（2003）則切指出不論是機關組織內部或外部的政策分析人員，或是其他類型的政策管理人員都要扮演以下一種或數種角色：(1) 資料蒐集者：政策分析人員利用各種實證方法，蒐集政策相關資訊；(2) 資訊分析者：採歸納法或演繹法深入分析已蒐集到的資料；(3) 方案設計者：即設計各種可行的替選方案，以解決各種政策問題；(4) 方案推薦者：政策分析人員透過說明的政治藝術，向決策者推薦適當可行的政策方案；(5) 方案倡導者：即扮演方案的擁護者及促其實現者。

　　丘昌泰（2010）認為政策分析家的角色為：(1) 情報蒐集家：政策分析家常為雇主蒐集有關社會問題的訊息，加以分析後並向決策者提出建議；(2) 社會工程師：政策分析師研究政策問題，其建議一旦被採納，對於社會影響相當深遠，故可稱說是社會工程師；(3) 政策宣導者：政策分析家常向決策者或社會大眾推薦可行的政策建議，故常扮演政策宣導者之

角色；(4) 參與促進者：政策分析家還可扮演讓民眾聲音可以進入政策形成過程的促進者。

　　經由上述分析與了解，對於教育政策分析家的角色大致可有三種，如表 6-3 所示，第一是教育資料蒐集與分析者：教育政策分析師必須對於教育資料進行蒐集與分析，蒐集及分析方式主要是以量化與質性研究為途徑，顯然地，教育政策分析家在扮演資料蒐集分析者時就必須儘量符合前述 Dror 所主張的政策科學家之相關條件；第二是教育政策倡導與行銷者：在經過政策方案分析後，對其所選擇的教育政策方案應該推薦倡導、接受諮詢及行銷；第三是教育政策工程師：教育政策分析家應該自許為教育政策工程師，因為其教育政策方案或建議一旦被教育政策制定者採納，則對於教育影響就相當深遠且巨大，可說是教育政策規劃及運作的工程師。

表 6-3　教育政策分析家的角色

角色	內涵
教育資料蒐集與分析者	對於教育資料進行蒐集與分析
教育政策倡導與行銷者	對所選擇的教育政策方案推薦倡導、接受諮詢及行銷
教育政策工程師	教育政策規劃及運作的工程師，發揮教育政策影響力

陸　教育政策分析家的專業倫理與專業素養

一、教育政策分析家的專業倫理

　　政策分析家應秉持專業倫理的堅持，體認分析倫理無所不在的意義，使教育政策分析在專業倫理的架構下運用（張鈿富，2006）。而政策分析人員在作為專業的建議提供者時，面臨三項同樣重要的價值，分別是分析的真實性、對顧客的責任及忠於個人美好社會的理念（如表 6-4）。對政策分析家而言，前述價值之間的衝突會產生重要的倫理議題，因而有客觀技術家、顧客至上者及議題倡導者等不同的角色（朱志宏，2002；張世賢，2011；Weimer & Vining, 1992）：(1) 客觀技術家：客觀技術家非常重

視政策分析的眞實及完整,他們以嚴謹的方法及適切的技術分析政策方案,並向顧客提供客觀的政策建議,但客觀技術家不干預政治問題並與顧客保持距離;(2) 顧客至上者:顧客至上者非常強調對顧客的責任,如內科醫師,分析人員不能傷害到他們的顧客,如律師,他們會極力促進顧客的利益;(3) 議題倡導者:議題倡導者對他們自己的政策偏好相當執著,並愼選顧客及信奉「良禽擇木而棲」的道理,政策分析是實現其對美好社會的一項工具。

　　綜合上述,作爲教育政策分析家也可以此三種類型來說明其專業倫理。所謂倫理是表現合宜適切的行爲,首先如果是作爲教育政策分析的客觀技術家,則其教育政策分析應忠於自己所研究的成果。一般說來,在大學任教的教育學者專家獨立性較高,適合扮演客觀分析家的角色。其次是教育政策分析的顧客至上者,其政策分析之重要目的是對顧客的責任,屬於政黨色彩明顯的智庫之研究人員比較會扮演顧客至上者的角色。第三是教育政策分析的議題倡導者,其目的不在於嚴謹的教育政策分析或顧客至上,而是對於某一教育議題的熱衷與擁護。例如國內某些民間教育改革團體對於所關切的教育議題會主動進行探究,並提出教育觀點及立場。值得一提的是,這三種類型的教育政策分析家並不絕然劃分區隔,常常只是程度之別。另外,政策分析人員面對政治利益的衝突,應採取理性且較爲客觀的途徑來協助決策者,儘量不著重決策者的觀點與偏好(吳政達,2002)。是故雖然政策分析家有時要爲顧客著想,但不得植基於武力或欺騙之上,可以保持緘默,但不能說謊(陳正隆,1999)。

　　總之,教育政策分析家了解自己是屬於客觀技術家亦或顧客至上者、議題倡導者,則更能表現出適切的專業倫理行爲。例如倘若所扮演的是議題倡導的教育政策分析家,則應蒐集更多證據以擁護所倡議的教育議題或政策,惟誠實及學術專業倫理仍應遵循。

表 6-4　三種政策分析家角色類型與專業倫理

	分析的真實性	對顧客的責任	忠於個人美好社會的理念
客觀技術家	讓分析自己說話及呈現原貌；主要是重視預測方案結果。	真實擺第一，顧客擺第二。	應說明相關價值，但價值之取捨由顧客決定。
顧客至上者	分析很少能夠產生明確的立論；以模糊的分析，促進顧客的地位。	護「主」心切，為顧客合理化，換取榮寵。	理念接近；以長期關係改變顧客對於美好社會的理念。
議題倡導者	分析很少產生具體結論；當分析無法支持倡導時，強調含糊及捨棄價值。	顧客提供給政策分析人員實現抱負的機會。	分析是朝向個人對美好社會理念進步的工具。

資料來源：丘昌泰，2010：99；張世賢，2011：74。

二、教育政策分析家的專業素養

在分析教育政策分析家的專業倫理之後，我們可以進一步探討教育政策分析家的專業素養。張芳全（2004）表示教育政策分析人員應具備科學態度，對教育政策有專業知識及專業能力，在解決政策問題及建構政策問題時應以多角度、多觀點及多種方法分析問題。張鈿富（2006）認為進行教育政策分析所需的基本準備為資訊整合的策略、分析問題的觀點、分析的技術、政策執行的考量及分析倫理的架構。張世賢（2011）陳述政策分析人員若要勝任為觀察者、詮釋者及批判者的角色，必須具備基礎性政策科學的技術與知識，但其使命仍在於應用而非基礎性研究。吳定（2012）指出政策分析人員如欲勝任工作，必須兼具通才訓練及專業知識，前者是具備領導技巧、人際關係技巧、解決問題技巧及工作態度等，後者包括應修習公共政策學、經濟學、統計學及專業領域的相關科目。

綜合以上所述，筆者認為教育政策分析家應該具備三項專業素養，如圖 6-1 所示，其一是領導與管理能力：在此所謂領導與管理能力是指與人合作、問題解決與溝通協調等能力，因為進行教育政策分析常需要研究

團隊共同努力，並與教育政策決策者溝通互動，故具備一般的領導與管理能力是必須的能力。其二是教育政策知能：教育政策分析家必須對於教育政策、公共政策、統計學及教育政治學等有關教育政策的知能有所了解並能加以運用。其三是教育專業知能：教育政策分析家與一般政策分析家差別之處在於前者是教育領域的政策分析家，所以對於教育理論與實務要相當熟悉，否則不易提出良好的政策方案。舉例而言，在進行某一技職教育的政策分析，首先，教育政策分析家常需整合相關專長人力進行探討，所以要有領導及溝通能力；其次，對於教育政策相關知能有所認識及理解，如該技職教育政策方案所涉及的政策、政治及經濟等各面向問題；同時，教育政策分析家也要對技職教育能深入了解，最好是有理論背景及實務經驗，否則所分析的方案無法獲得共鳴或有效解決問題，甚或有「隔靴騷癢」之情況。

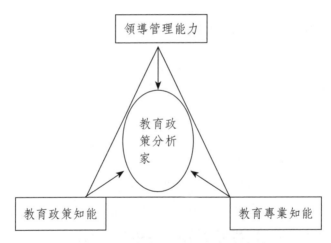

圖 6-1　教育政策分析家的專業素養

質言之，Dye 認爲政策分析既是科學，也是藝術（羅清俊、陳志瑋譯，2010），故教育政策分析家必須具備領導與管理能力、教育政策專業及教育專業等三項知能，才比較容易勝任此一重大任務，有志於擔任教育政策分析者應積極培養此三方面的素養。

柒 結語與建議

　　有品質的教育政策決定宜有專業及研究爲基礎，因此，政策分析成爲教育決策的前提，沒有透過系統深度的教育政策分析或探究，所形成的教育政策常是膚淺或盲目的。循此，本文首先探討教育政策分析的定義，其次分析教育政策的分析取向，以及敘述政策分析、政策研究與社會科學學術研究三者的差異，之後闡明教育政策分析的角色主要是資料蒐集及分析者、政策倡導及行銷者、教育政策工程師，最後論述教育政策分析家應有的專業倫理行爲，並指出在專業素養及能力方面，作爲教育政策分析者宜具備領導與管理能力、教育政策專業及教育領域專業。

　　總結而言，政策分析的精神在於解決政策問題及預測政策未來，並指導政策方向（張世賢，2011），由此可見教育政策分析家的重要性。再者，教育政策的複雜性及專業性愈來愈明顯，教育政策分析家的需求也漸顯迫切，是故對於教育政策分析家的人才培育應該受到政府部門及學術界的注意，而如何挖掘具有潛能及培育優質的教育政策分析家則是未來可以探討的課題及努力方向。爰此，建議國內教育行政與政策相關系所可多培養教育政策分析家，國內教育相關智庫研究員也宜以教育政策分析家爲期許，並建議在中小學校長培訓課程中加入政策理論與分析課程內容，以增進教育政策在學校的落實成效。

參考文獻

丘昌泰（2007）。研讀「政策分析」的幾項建議。空大學訊，**385**，51-54。

丘昌泰（2010）。**公共政策：基礎篇**。臺北市：巨流。

朱志宏（2002）。**公共政策**。臺北市：三民。

吳定（2003）。**政策管理**。臺北市：聯經。

吳定（編）（2012）。**公共政策辭典**。臺北市：五南。

吳政達（2002）。**教育政策分析：概念、方法與應用**。臺北市：高等教育。

呂育誠、陳恆鈞、許立一（譯）（2002）。**行政學——管理、政治、法律的觀點**。D. H. Rosenbloom & R. S. Kravechuk原著。臺北市：學富文化。

林煥民（2009）。我國推行教師專業評鑑之研究——政策分析觀點。**學校行政，62**，98-119。

袁振國（編）（2010）。**教育政策學**。臺北市：高等教育。

張世賢（編）（2011）。**公共政策分析**。臺北市：五南。

張芳全（2004）。**教育政策分析**。臺北市：心理。

張鈿富（2006）。教育政策分析。載於謝文全等，**教育行政學：理論與案例**（頁361-389）。臺北市：五南。

曹俊漢（1980）。政策分析與政府決策功能的強化：理論途徑與美國經驗的研究。**美國研究，10**(1)，57-138。

陳正隆（1999）。政策分析家角色類型之探討：兼論我們需要何種政策分析家。**公共行政學報，3**，203-228。

陳恆鈞（譯）（2001）。**公共政策**。J. P. Lester & J. Stewart, Jr. 原著。臺北市：學富文化。

羅清俊、陳志瑋（譯）（2010）。**公共政策新論**。T. R. Dye原著。臺北市：韋伯文化。

Agustina, H., & Sutarih, A. (2020). System thinking urgency in public policy analysis. *International Journal of Psychological Rehabilitation, 24*(3), 775-783.

Dror, Y. (1967). Policy analysts: A new professional role in government service. *Public Administration Review, 27*(3), 197-203. doi:10.2307/973282

Dunn, W. N. (2018). *Public policy analysis: An integrated approach* (6th ed.). New York, NY: Routedge.

Hogwood, B. W., & Gunn, L. A. (1984). *Policy analysis for the real world*. Oxford, UK: Oxford University Press.

Weimer, D. L., & Vining, A. D. (1992). *Policy analysis: Concepts and practice*. Englewood Cliffs, NJ: Prentice Hall.

本文2020年曾發表於學校行政雙月刊第127期，頁1-11。

第七章

單一專家決策的風險與挑戰：
論風險社會下的教育政策制定特色

壹 前言

隨著民主化，民間社會要求參與國內的教育政策制定或教育改革的呼聲愈來愈大，但從總體層級的決策權力來說，國內教育政策仍存在相當明顯的「由上而下」特色（黃顯華、徐慧璇，2006）。換言之，就是以專家知識及行政威權為基礎，藉由行政威權或行政命令，使學校行政領導者或學校機構遵循，並經由行政推動期許現場教師能加以執行，也就是說依循「專家研究形成知識→中央教育政策→學校機構→校長→學校行政人員→教師」之線性思維模式，而風險社會理論對於此線性思維模式提供新的視角，值得吾人探究與參考。

Beck 於 1986 年所提出的風險社會（risk society）理論對於社會分析有了重大的影響（Beck, 1992）。Beck 指出現今的社會是風險社會，不論是政治、經濟、科學、法律與政策等都被捲入風險製造的過程，且參與了風險真相之掩飾，加上許多事件因為資訊封閉或是專業知能的未知，導致一般人很難有管道或專業去意識到事件背後隱含的風險性，等到風險真的產生實質的損害時，我們才會悔不當初，進而正視風險之所在（周桂田、張淳美，2006）。換言之，過去的風險是天然災害所造成的風險，而當今現代社會的風險是人為因素所造成的，且人為因素所形成的風險有一部分是源自於專家知識之正確性及專家知識不足的問題。

風險社會於各學術領域已有了豐富的探究（王瑜君，2013；王嵩山，1996；古承宗，2013；周桂田，2014a；黃懿慧，2011；戴曉霞、吳佩真，2011；Adam, Beck, & Loon, eds., 2000），甚至被認為是公共政策領域的典範轉移。此外，近年來國內幾次重大的教育改革之推動大都有所障礙、爭議不斷，風險社會理論正可以提供另一種解釋的觀點。基於此，本文首先探討風險社會的意涵，其次闡述「過度依賴專家的風險」思維下的教育政策制定，以及探析參與式知識管理、審議式民主與教育政策制定的關係，接著從風險社會觀察教育正向的生命力，最後提出省思以提供教育政策與行政之研究及實務參考。

貳　風險社會的意涵

　　從主觀觀點而言，風險乃指在一定情況下的不確定性；就客觀的看法來說，風險是各種活動中發生損失的可能性（鄭燦堂，2010），故風險被認為是一個未來的不確定性及充滿危險的可能。但社會學家對於風險又有不同的觀點，Beck 認為傳統社會是「簡單的現代化」，而當代工業社會現代化過程則為「反思性現代化」，舊有的階級社會形式已逐漸消失，取而代之的是風險社會形式，人們對於安全系統的質疑，便是決策程序的正當性問題與技術官僚理性的問題（周桂田，2014a）。反思性現代化是對現代化的省思，並探究現代科學主義、理性主義及官僚主義如何傷害現代社會和現代人，其所產生的「回力棒」效應，常自作自受地打傷了自己（廖義銘，2005）。Beck 風險社會與工業社會的差異如表 7-1 所示，由表 7-1 可知（顧忠華，1994），工業社會急欲解決物質需求的匱乏，講求競爭時的機會均等，財富分配不均造成階級鬥爭，「不平等」是社會衝突的來源，而風險社會之人們對風險的焦慮轉化成為生活動力的來源，人人免於風險是風險社會的理想，規避風險往往才是現代人追求的目標，「不安全」成為新的衝突因素。

表 7-1　工業社會與風險社會的差異

	工業社會	風險社會
情境	不平等	不安全
追求	正面的追求權利	負面的規避風險
理想	機會均等	人人免於風險
生活動力	物質需求（I am hungry）	對風險的焦慮（I am afraid）

資料來源：顧忠華，1994：71。

　　顧忠華（1994）亦指出科技文明帶來的生活風險與傳統社會的自然風險在性質上有著極大的差異，包括決策的決定性、不可測性、後果延展

性、「大災變」的可能性、全球性、日常性與公共性。我們活在一個風險高升、劇烈變動的世界，無處不見風險激增，包括經濟風險、環境風險及疾病風險等（滕淑芬譯，2002）。風險社會主張風險絕非單純的技術性問題，它涉及十分複雜的社會溝通與決策過程，不但社會的組織方式、知識水準都對風險的型態與層次有決定性的作用，反過來，風險也會改變我們的意識與行為，另一方面我們也可以說風險是一種「社會建構」的產物（顧忠華，1994）。

綜言之，風險社會是對現代的反思，傳統社會的風險是來自天然災害，而現代的風險是來自於科技及人為的災害，在風險社會的概念下，人們重新思考科學知識及專家知識的正確性，以及專家壟斷政策的問題。

參 「過度依賴專家」思維下的教育政策制定

Beck 認為在風險社會下的風險是起源於知識，由知識決定存在（汪浩譯，2004）。而在公共行政中，結合官僚威權與科學專業主義之威權專家政治，將所有議題侷限在狹隘的領域之中，而忽略可能延伸的其他問題挑戰（周桂田，2014b）。循此，目前國內教育政策制定亦常是威權專業政治決策模式，而可能忽略了教育政策之其他問題的挑戰。風險社會理論主張在地生活經驗累積而成的知識，往往能補充或突破科學風險評估（周桂田，2014a，2014b），亦即常民知識（lay knowledge）及在地知識（local knowledge）往往能發展出對科學風險評估外的專業見解，而有不同的評估解釋因而降低可能的風險（周桂田，2014a）。因此，現場教育人員或家長的常民知識與在地知識往往可以提供不同及多元教育政策觀點。此外，第一線教師有了參與及對政策的理解，教師更能積極投入教育改革，而不是由少數菁英及專家「把持」。黃騰與歐用生（2012）也認為在真正的政府（結構）運作中，如果沒有民意（動能者）的支持，是不可能運作的。陳敦源（2009）甚至指出民主參與比非民主參與（比方說，獨裁決策），較能夠「彰顯真理」。

　　民主社會，人人均有參與公共事務討論的權力，每一種政策相關知識論述應該都具有發言和被傾聽的空間，非簡化為民眾是無知的欠缺模式（deficit model）（周桂田、徐健銘，2015；Miller, 2001）。Palmer 陳述客觀主義的知識迷思認為知識是由上而下的流動，但在求真的社群中，知識與真理是彼此互動、充滿活力與動態對話的（藍雲與陳世佳譯，2009）。而風險社會理論也認為我們過去的政策太仰賴「專家政治」，進一步而言，我們政府的教育政策決策及制定主要是以專業知識為基礎及注重菁英主義，而較忽視了各團體的立場及民意，亦即是採「專家及菁英為主、民意僅供參考」之決策過程，但風險社會理論卻指出專業知識的不足、偏限性及資訊的不完全，且知識典範不斷地在轉移，所謂專業知識並不代表是對的。此外，在後現代思考的影響下，專家知識的權威也不再堅不可破（溫明麗，2014）。周桂田（2014a）指出可以「簡單的現代化」與「反思的現代化」來區分之，前者是專家把持，以科學主義為基礎，而後者強調風險的界定與評估，需要擴大科學審查的社群及進行民主程序來尊重公民之價值與決策。就課程發展而言，課程公共性的討論應具多元的內容，使社會出現不同於主流的多元聲音，是一件重要的工作（黃騰、歐用生，2013）。因此，依風險社會的觀點來看，我們的教育政策應該更重視專家來源的多元性、更尊重各教育團體及教師個人聲音之民主程序。

　　值得提醒的是，風險社會理論關懷的是，不再強調科學知識之建構與貢獻，而在於無知（有限的科學知識之外）所產生的風險或所建構的巨大風險（周桂田，2014a），且運用科學方法取得的知識，也必須進入社會互動的過程中，不斷地被試煉與修正，以取得正當性（引自杜文苓，2015；Nowotny, 2003）。質言之，以風險社會理論觀點來看，一旦我們承認風險是產生於不確定的脈絡，而不確定性是存在操弄的程序中，我們就無法再以傳統的風險評估觀來確認及定義風險，難怪 Beck 會說：「風險無專家」（廖義銘，2005）。職此之故，我們也可以藉 Beck 的看法提出教育過度依賴單一專家的概念，一來以風險社會理論角度來看，專家所知有限，且專家也不是全知全能，故教育政策如果過於依賴專家常是危險的，二來常民知識及在地知識也要被理解。當大眾還相信教育專業的同

時，以專家系統為基礎的教育政策決策更需要專家來源的多元性及異質性，以避免成為「一家之言」而落入教育政策風險狀態。此外，社會學家 Giddens 也認為常民行動者（lay actor）與專家雖有區別，但不可能涇渭分明，無論是創新的理論或是經驗的調查，社會科學家對於他們所研究的主題都沒有絕對的壟斷權（李康、李猛譯，2007；Giddens, 1984）。而個案研究也發現專家或專業人員所形成的實務專業社群，會成為自我封閉的集團（self-sealing grouping），以及衍生專家或專業人員間的社會及認知界線（social and cognitive boundaries），因而阻礙了創新的擴展（Ferlie, Fitzgerald, Wood, & Hawkins, 2005），是故不同專家間的互動溝通及信任關係的建立是有其必要性的。

我們常開玩笑地說：「專家是專門騙人家」，雖然事實不盡如此，但某種程度也可說明了專家所知是有限的，故教育政策與行政發展不宜完全仰賴學者專家，現場教師及家長的知識與見解亦宜納入教育政策內涵，至少在教育政策制定過程，我們可以參考 Luhmann 在其《風險社會學》一書所提到，去促成並維護一個「相互理解」的形式，以及相互地去觀察對方的觀察（黃鉦堤，2006）。總括而言，唯有教育政策決策者能了解教育無專家背後的意涵，才不會僅依專業諮詢及官僚決策決定教育政策走向，而更能包容多元的知識及見解，增加政策利害關係人彼此間的溝通互動，以降低錯誤教育決策的風險。

肆 參與式知識管理、審議式民主與教育政策制定

一、參與式知識管理與教育政策制定

除了前揭指出，在風險社會下的教育政策制定過程應該相互理解及包容多元知識與見解外，參與式知識管理（participatory knowledge management）可供參考。參與式知識管理是公部門著重「社會審視」與「民主審議」的一個決策過程（陳敦源，2004），針對專家知識、公民參與與公共政策間的關係，參與式知識管理可以更有系統地提供教育政策制定的解決

之道。

　　民主治理需要專家科學知識的協助以避免錯誤，但擁有知識且具有權力的階層反過來左右人民的意志，爲緩和被專家宰制的焦慮，近年來都強調在公共過程中的公民參與，但這股公民參與也被稱爲是一種新的宰制（陳敦源，2009）。是故，陳敦源（2009）提出調和民意與專家的參與式知識管理的概念，他認爲：在內涵上，公部門之參與式知識管理應該從強調純粹技術的獲得與管理，調整爲對社會層面的知識管理；在目的上，參與式知識管理的目的是追求知識統治的正當性，以及能夠獲致更接近正確決策結論，並彰顯眞理、制衡權力；在實行的程序上，我們應該了解雖然民主並不完美，但民主政治是目前我們所擁有比較好的體制，而民主社會唯一的公眾問題就是維持一個平等而自由討論公共議題的環境，故應將最廣義的政策利害關係人納入決策體系，不能有任何理由排除任何人表達意見的機會，並在有限資源及成本考量下，極大化參與帶來的知識效益（陳敦源，2004，2009）。質言之，未具所謂專業知識的人民參與政策決策，更有利於政策之正當性及其執行推動。

　　基於上述，在風險社會下的教育政策制定可採取參與式知識管理的途徑，在內涵方面，除了教育專業的知識外，也重視社會各層面及教師對教育的知識與看法；在目的上，可避免所謂教育專家宰制的情形，使教育政策決策更具有正當性；在實施過程方面，應讓廣義的教育政策利害關係人能參與並充分表達其意見。

二、審議式民主與教育政策制定

　　審議式民主（deliberative democracy）與參與式知識管理兩者頗有相似之處，可一併提出探討。審議式民主是對代議體制的反思或矯正（林國明，2009）。所謂審議式民主主要是採取各種社會對話的方式，例如公聽會、社區論壇等，透過社會公民間的理性反思及公共判斷，共同思考重大公共議題的解決方案。審議式民主強調的是多元參與、多元對話、多元溝通、多元辯論（吳定，2012）。Gutmann 與 Thompson 陳述審議式民主的特徵是：(1) 審議者要提出理由；(2) 受影響的相關全體公民都有機會在

審議過程中提出理由；(3) 在某段時間內具約束力的決定；(4) 過程是動態的（謝宗學、鄭惠文譯，2005）。具體而言，審議式民主的四個基本原則分別是（丘昌泰，2010）：(1) 公開性：公民及政府官員需要公開地檢證他們的審議辯論行為之公正無私；(2) 責任性：民主政體的政治人物必須對人民負起政治責任；(3) 平等性：在公共政策審議過程中，每位公民都有平等參與辯論的機會；(4) 互惠性：公民可以理性地、互惠地思考，並充分認知道德上必須尊重的立場。透過理性、平等、互相尊重、共識、自由、資訊公開、互相尊重之過程，審議式民主可以發揮以下功能（張蓉峻，2008）：(1) 審議式民主可促進集體決策的正當性；(2) 審議式民主可以使公民、政府官員與政策專家理解彼此的差異，從而制定出能夠相互尊重的決策；(3) 審議的過程讓公民、官員與專家重新思考，減少在集體決策過程中可能犯下的錯誤。

當今社會公民參與公共事務的動機逐漸低落，可能來自於無法暢所欲言、難以獲得回應等，審議式民主可以補憲政民主之不足。此外，研究結果也發現教師審議素養的七大層面分別為道德理性、知情討論、程序公開、主動辯論、互利互惠、涵容弱勢與共識形成（林純雯，2010），值得教師參與教育政策制定之參考。

綜上所述，在風險社會下的教育政策制度，審議式民主的理念可以作為教育政策研議與制定的參考，亦即多廣納各方的意見。事實上，在進行教育決策前，應該與公民深入對話，並將學校的校長、教師、學生及家長等納入，因為受教育政策影響最大的是這些人（莊淇銘，2013），在民主時代裡，導入公眾參與模式應受重視（李森墭，2013），故教育政策制定過程與教育政策利害關係人的對話與溝通，更應該凌駕於效率與經濟之上（張蓉峻，2008），而另一方面，教育人員及家長若具備了審議素養，則更有助於教育政策的參與。

伍 從次政治及生活政治看見教育的正向生命力

前述探究參與式知識管理、審議式民主與教育政策制定的關係，接下來闡述從次政治及生活政治看見教育的正向生命力。依 Beck 的觀點，在風險社會中，由於人們對政府的不信任，將會有愈來愈多的民間力量進行自我權利與命運的保衛，並革新政治之理想過程，此即爲次政治（sub-politics）。另一方面，由個人主義化的個人所組成的民間力量，其中也有著積極的個人動能精神。此外，Giddens 亦本於反思與自我實現，提出生活政治（life politics）之觀念，與次政治相互呼應（周桂田、張淳美，2006）。不論是次政治或生活政治，都強調在風險社會中，個體被賦予極大的尊重，並會主動追求與抉擇更好的生活，而在社會團體中的每個人都有參與決定的權力，都是一個決定者（王玉佩、林之丞，2014）。

職此之故，筆者以爲風險社會下的教育正向生命力來自三股力量（見圖 7-1），第一是反思的力量：黃騰（2013）認爲目前政策面臨著人民反思力的增強與多元差異的社會情境。風險社會的解決之道之一是人們的反思（reflexivity），反思將是改變社會的重要力量，當人們透過反思並藉由民主社會中的種種機制（如公共論壇、投票、抗議、社會運動等），最終將會影響制度的決策，是故從個人的反思到對政策的影響，將可產生足夠的力量，成爲改變風險社會的一種可能（黃騰，2012）。質言之，反思的消極面是抗拒、解放和顛覆，而其積極面是謙卑、自省與超越，人類就是基於此反思的主體動力而進步（溫明麗，2104），是故教育的正向生命力應該要來自於反思的力量。

第二是教師的力量：周桂田（2014a）曾從風險社會的角度指出，政府長期以來習於由上而下、威權的風險管制，但在風險社會中，人們應該積極的參與、實踐與建構當下及未來的社會發展。準此，在風險社會的教育及社會環境裡，教師應該是積極參與與實踐的，這股教育的生命力應該是來自於喚醒教師的巨大力量。我們最近也看到諸多教師的力量發揮很大的影響力，例如南投縣爽文國中王政忠主任（王政忠，2014）、臺北市中山女中張輝誠教師（張輝誠，2015）等都帶動一股教育的改革與能量，吸

引眾多的教師參訪與投入教學創新。此外，群眾募資亦顯現每個人渺小的力量是可以凝聚成一股巨大的影響力（flying V 團隊與經濟日報記者群，2014），值得倡導教師力量之參考。換言之，自我組織的力量要在校園產生蘊釀，這種自發性的無窮力量才是最為珍貴及永續的力量，當強健的、豐沛的個別或集體教師力量產出來之後，就能形成一股沛然莫之能禦的教育生命力。此外，Palmer 認為體制代表著秩序與維持現狀，改革則代表流動與變化，富有改革精神的機構領導者經常會歡迎改革所帶來的能量，且一個健康的社會需要這兩者的共同作用。惟當社會面臨亟需改革時，而現有體制卻因自身的保守本質加以層層設限時，其結果常是令人失望的（藍雲、陳世佳譯，2009）。黃乃熒（2014）也陳述我國現今教育的變革，幾乎由政府政策的主導，此會促使教育人員的改變能力產生鈍化不前的問題，透過巨觀政策方針的指引，實難以增生機靈服務的道德實踐，故後現代由內轉型現象的理解，會喚起主動建構未來的回應，啟迪教育人員找回失落已久的力量。扼要言之，為了讓教育更具生命力，我們期待教師的力量能源源不斷地湧現。

　　第三個力量是民主的力量：Beck 始終強調風險社會的未來需要一個更為民主化的風險治理模式（黃浩榮，2003），過去政策或科技決策過程中專業知識的壟斷與權威化，造成缺乏多元及透明的決策程序，在風險決策上應該發展多元性、多層次性及多樣性的治理典範（周桂田，2014a）。也就是說，專業或專家並不完全了解知識的全貌，且風險社會理論特別注重專家與門外漢的溝通問題，此外，愈來愈多人反過來質疑科學專家的論述，亦即專家系統的正當性已不復如前，並遭受高度的挑戰（周桂田，2014a）。申言之，改革的著力點在於創造公共領域（the creation of a public sphere），透過有效的公共辯論來教育大眾了解科技風險的來龍去脈，這樣的公共領域可以容納各中異見（顧忠華，1994）。就風險社會的觀點來看，風險屬於社會建構，必須透過社會不同階層成員（如科學家、媒體、社運組織等）的溝通與互動，才能讓大眾意識到某些風險，進而發展成公共論述。也唯有風險浮上檯面，引起廣泛的注意與討論，成為社會場域中關注的議題，才有可能去改變人們的慣習，進而改變社會文

化（王玉佩、林之丞，2014）。易言之，我們面對一些缺乏整體思考而流於細節的技術官僚，或是過度相信市場機制的新自由主義專家政治，往往欠缺前瞻永續經濟洞見，並停留於二十世紀實證主義式的風險治理典範，而錯失了風險溝通與公眾民主參與，而與其讓政府與公民社會持續高度對峙，何不善用豐沛的、強健的社會資源，重建相互的信任基礎與社會發展共識（周桂田，2014a，2014b）。黃騰（2015）也曾從反思現代性與新自由主義的社會條件來看十二年國教，認為十二年國教課綱應該透過政策推動者、教師及相關參與者間的相互協商與「掌舵」，才有可能推動。基於上述，我們可以說在風險社會理念下的教育正向生命力應該來自於民主的力量，從由上而下轉移為更重視多元及民主的程序，藉此可產生更為豐沛穩健的教育生命力。

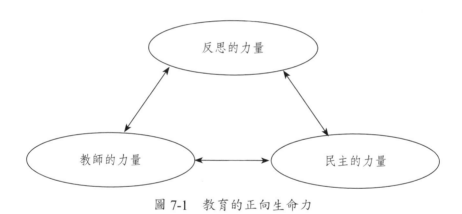

圖 7-1　教育的正向生命力

陸 風險社會理論在教育政策運用的省思

對於公共行政之基本價值仍大部分沿襲舊時代的價值與理念，因此如何建構出適合於新世紀的公共行政與管制理論與方法，實屬當今學界及實務界必須共同努力的方向（廖義銘，2005）。而一個覺醒的風險社會，蘊生愈來愈強健的公民參與及公民社會知識生產能量，但卻面對威權專家政

治體制，結構性的牢籠化兩者的對立關係，故在風險社會裡，專家政治應逐步轉向民主溝通與公民參與治理（周桂田，2014b）。行文至此，筆者也提出幾點省思，首先我們要問的是：國內教育進步的力量是來自於教育政策嗎？來自於教育行政人員嗎？來自於校長嗎？來自於教師嗎？來自於家長嗎？來自於學生的嗎？來自於專家學者嗎？還是大家一起來？而來自哪一股力量才會源源不斷？我們從風險社會理論可以得知，以專家知識為主要政策依據的危險性及不可靠性，故未來在教育政策制度宜更透明、更多元，而教育現場對教育政策的抗拒與反對，某種程度上也是一種警訊，若能適時融入在地知識，可因而降低教育政策風險。誠如杜文苓（2015）所言，新型態治理重視對知識的包容性、對專家的反思，以及協調不同行動者為共同目標而努力的能力。職此之故，風險社會理論讓我們更注重教師及家長的聲音、教師及家長的「常民知識」及學校的「在地知識」，而如何有效地納入並整合更多教師及家長的不同意見以提升決策品質，是未來教育政策制定的重要課題。

第二個值得思考的是，在風險社會理論鼓舞教育人員參與教育政策制定及教育改革時，我們多數的教師又習慣於作為教室之王，不願意走出教室，這是教育現場的矛盾與兩難之處，也是值得我們省思的地方。

第三個值得省思的是，國內教師在教育政策方面是不是過於被動？是不是教育行政機關也不樂於教師的意見或抗爭？教師會或教師工會是否能代表多數教師的聲音？如何在滿足教師的權益需求後，往教師專業發展？多數教師是否有能力進行自發性的教育改革？教師是否有權力訂定政策？有些校長常會覺得有責無權，我們的校園是不是已經很民主了？最後，值得省思的是，在風險社會理論還強調道德性反思，故在權力與知識的複雜關係中，如何更聚焦於教育的本質及以學生為核心，才不會在知識與權力糾結當中打轉，而失去教育工作者的責任與使命，這也是值得我們深思的課題。

柒　結語

　　由於現代科學、理性主義與官僚主義，發展到極致後形成了風險社會，而回頭過來傷害現代社會和現代人，並迫使現代公共行政體系發現到必須自我超越，必須持續地進行內在反思，必須檢討及重建，並在價值體系上持續的變遷，才能因應風險社會下的各種問題（廖義銘，2005）。而風險社會的概念已運用於環境保護及公共政策相關議題之治理討論，風險社會之理念亦可提供教育政策制定之新思維。事實上，教育政策網絡治理也強調多方及民間力量的匯聚，並建立夥伴關係，而在風險社會下的教育政策制定應該更反省教育專業知識的單向度思維及其正確性，且更重視多元與透明的過程，並重新架構教育政策制定的程序與模式，即不能僅靠政府的行政力量及專家的知識，也不能過度依靠單一來源的專家見解，而是從單一封閉式走向多元開放式的教育決策過程。申言之，啟動教師的自發性及開展各類教育相關團體的「民間」力量是教育正向生命力的重要泉源。是故，本文首先探討風險社會的意涵，其次闡述風險社會下的教育政策制定，以及參與式知識管理、審議式民主與教育政策的關係，接著敘述在風險社會下之教育的正向生命力包括反思的力量、教師的力量及民主的力量，最後提出一些省思以供未來教育政策運用風險社會理論之參考。

參考文獻

flying V 團隊、經濟日報記者群（2014）。**我挺，你做得到—群眾募資：30 個成功個案的 15 個關鍵祕訣**。新北市：經濟日報。

王玉佩、林之丞（2014）。風險社會的再思考：以布迪厄思想為進路。**危機管理學刊**，**11**(1)，87-98。

王政忠（2014）。**老師，你會不會回來**。臺北市：時報文化。

王瑜君（2013）。誰的災難？哪一種氣候變遷？論風險社會中博物館展示的挑戰。**博物館與文化**，**5**，3-48。

王嵩山（1996）。風險社會與新博物館人。博物館學季刊，**20**(3)，5-6。

丘昌泰（2010）。**公共政策：基礎篇**。臺北市：巨流。

古承宗（2013）。風險社會與現代刑法的象徵性。科技法學評論，**10**(1)，115-177。

吳定編著（2012）。**公共政策辭典**。臺北市：五南。

李康、李猛（譯）（2007）。**社會的構成：結構化理論大綱**。Anthony Giddens 原著。新北市：左岸文化。

李森堙（2013）。科技政策決策過程導入公眾參與模式分析：談共識會議模式及其侷限。農業生技產業季刊，**35**，74-81。

杜文苓（2015）。**環境風險與公共治理：探索台灣環境民主實踐之道**。臺北市：五南。

汪浩（譯）（2004）。**風險社會：通往另一個現代的路上**。U. Beck 原著。臺北市：巨流。

周桂田（2014a）。**風險社會典範轉移：打造為公民負責的治理模式**。臺北市：遠流。

周桂田（2014b）。**風險社會：公共治理與公民參與**。臺北市：五南。

周桂田、徐健銘（2015）。**從土地到餐桌上的恐慌**。臺北市：商周。

周桂田、張淳美（2006）。遲滯型高科技風險社會下之典範鬥爭：以換發身分證按捺指紋案為分析。政治與社會哲學評論，**17**，127-215

林純雯（2010）。審議式公民教育的圖像：從教師審議素養之探究論起。人文社會科學研究，**4**(3)，132-160。

林國明（2009）。國家、公民社會與審議民主：公民會議在台灣的發展經驗。台灣社會學，**17**，161-217。

張蓉峻（2008）。審議式民主評鑑在教育上的運用。竹縣文教，**37**，11-14。

張輝誠（2015）。**學‧思‧達：張輝誠的翻轉實踐**。臺北市：天下雜誌。

陳敦源（2004）。人民、專家與公共政策：民主理論下的「參與式知識管理」。國家政策季刊，**3**(1)，99-134。

陳敦源（2009）。民主治理：公共行政與民主政治的制度性調和。臺北

市：五南。

莊淇銘（2013）。十二年國教的危機與因應。臺北市：沙鷗國際多媒體。

溫明麗（2014）。後現代教育哲學對教育學的啟示。載於湯志民主編，**後現代教育與發展**（頁99-124）。臺北市：高等教育。

黃乃熒（2014）。**後現代教育行政倫理**。臺北市：學富文化。

黃浩榮（2003）。風險社會下的大眾媒體：公共新聞學作為重構策略。**國家發展研究，3**(1)，99-147。

黃鉦堤（2006）。盧曼的風險社會學與政策制定。**政治科學論叢，28**，123-162。

黃騰（2012）。風險社會下的生命教育課程：從「生命意義」到「生活政治」。**生命教育研究，4**(1)，1-25。

黃騰（2015）。說好的未來呢？從教育社會學觀點看十二年國教的理念與實施。**教育研究月刊，252**，33-47。

黃騰、歐用生（2013）。教育如何超越新自由主義：課程公共性觀點。**另類教育期刊，2**，1-24。

黃懿慧（2011）。風險社會與危機傳播。**傳播與社會學刊，15**，27-31。

黃顯華、徐慧璇（2006）。台灣課程改革理論基礎再思。**課程研究，1**(2)，21-45。

鄭燦堂（2010）。**風險管理**。臺北市：五南。

廖義銘（2005）。反思性公共行政與管制。臺北市：翰蘆圖書。

滕淑芬（譯）（2002）。**風險世界：掌握變動時代下的新策略**。M. H. Daniell原著。臺北市：商周。

戴曉霞、吳佩眞（2011）。風險社會與大學課程：臺灣博雅書院興起之探究。**高等教育，6**(2)，1-31。

謝宗學、鄭惠文（譯）（2005）。**商議民主**。A. Gutmann與D.Thompson原著。臺北市：智勝文化。

藍雲、陳世佳（譯）（2009）。**教學的勇氣：探索教師生命的內在視界**。Parker J. Palmer原著。臺北市：心理。

顧忠華（1994）。「風險社會」的概念及其理論意涵。**國立政治大學學**

報，**69**（下），57-79。

Adam, B., Beck, U., & Loon, J.V.(2000)(Eds.). *The risk society and beyond: Critical issues for social theory*. London: SAGE.

Beck, U.(1992). *Risk society: Towards a new modernity*. (Trans. by Mark Ritter). London: Sage.

Ferlie, E., Fitzgerald, L., Wood, M., & Hawkins, C. (2005). The nonspread of innovations: The mediating role of professionals. *Academy of Management Journal, 48*(1), 117-134.

Giddens, A.(1984). *The constitution of society*. Cambridge: PolicyPress.

Miller, S.(2001). Public understanding of science at the crossroads. *Public Understanding of Science, 10*, 115-120.

Nowotny, H. (2003). Democratising expertise and socially robust knowledge. *Science and Public Policy, 30*(3), 151-156.

本文與李森永共同合著，本書作者為第一作者，並曾在 2016 年發表於教師專業研究期刊第 12 期，頁 107-121。

╡第八章╞

從民粹主義探析教育政策決策發展趨勢

壹、前言

　　二十一世紀的世界已經迎向「民粹主義的時代」（林詠純譯，2018），惟民粹主義（populism）這個概念，在臺灣社會已經高度被汙名化（張佑宗，2009）。民粹基本上只不過是一種政治動員的形式，沒有本質的好與壞（鄧志松，2005）。惟國內一般人對於「民粹」一詞大都視為負面語詞，「民粹」一詞在教育政策決策者、教育人員或多數人的觀念裡，也大都被歸類為負面的評價。惟事實上，如果從人民與他者間的對抗關係來看，民粹主義是被視為一種將「人民」放置於政治核心的政治主張，並且相信有效之決策是來自於人民的意志，而反對以代議民主為核心之政治模式（黃昱珽、蔡瑞明，2015），且在政治上，民粹主義者強調人民具有主權（sovereign），政治應該是反映出人民的意志（黃昱珽、蔡瑞明，2015；Albertazzi & McDonnell, 2008）。

　　基於上述，本文擬先探討民粹主義的類型與定義，以及民粹主義的正負評價等民粹有關之理論內容，其次探究民粹主義與教育政策的關聯，接著從民粹主義探析國內教育政策決策發展趨勢，以供教育政策決策者與教育領導人之參考。

貳、民粹主義的類型與定義

　　「populism」一詞有人翻譯為民粹，也有學者譯成民粹主義，本文依行文交互使用。以下先說明民粹主義的類型，之後闡明民粹主義的定義。

　　Canovan（1981）將民粹分成七個不同類型，有助於我們對民粹的認識，這七種民粹類型包括（鄧志松，2005）：(1) 十九世紀末美國的農民運動；(2) 十九世紀末、二十世紀初俄羅斯的民粹運動；(3) 東歐的「綠色起義」；(4) 民粹獨裁，即人民支持獨裁；(5) 民粹式民主，即主張以直接民權落實民主精神；(6) 反動式民粹，是指來自基層人民之反動；(7) 政客的民粹，是指政治人物運用人民這個語彙，重組政治結盟。整體來看，前

三者是農民的民粹，而後四者是政治的民粹。

　　目前對於「民粹主義」一詞仍缺乏共識（Arditi, 2003）。Canovan（1999）將民粹定義爲訴諸人民以反抗既有的權力結構及主流觀念和價值。Muddle（2004）陳述民粹主義將社會區隔爲純潔的人民與腐敗的菁英兩個不同之群體，現代民粹主義的核心是在結果，而不是民主的投入。水島治郎認爲民粹主義的兩種定義，其一是將民粹主義視爲直接訴諸廣泛國民的政治型態，其二是將民粹主義視爲站在「人民」的立場，批判舊有政治與菁英的政治運動（林詠純譯，2018）。謝復生（1996）則表示像在古希臘城邦所實施的直接民主，多數人可以透過投票將他人放逐，這種將民意絕對化，即所謂民粹主義的做法，容易演變成多數暴力之問題。陶儀芬（2008）陳述儘管民粹主義之樣貌多元豐富，但民粹主義最基本的共同質素是訴諸「人民的力量」、「反菁英」與「反墨守成規」（anti-status quo）。黃昱珽（2014）則指出近年來對民粹主義，逐漸聚焦於兩個重要的議題，其一是民粹主義被認爲是人民對民主政治產生的不滿，其二是「人民」此一民粹主義之核心概念要重新受到檢視。

　　綜合上述，雖然各家對民粹看法不一，可說是見仁見智，惟我們對於「民粹」或「民粹主義」一詞應該給予中性、中立的角度觀之。歸納而言，民粹或民粹主義是訴諸人民對於主流價值觀念或權力結構的一種反動，此定義包含兩個重要元素，其一是訴諸人民而非代議士，其二是對當前的主流價值或體制之反動。

參　民粹主義的正負評價

　　民粹的影響難有定論，它可能造成災難性的後果，也可能變成民主的更新力量（鄧志松，2005）。以下闡述民粹主義的正負評價。

　　先就正面評價談起。Canovan（1999）指出民粹不應該被視爲病態，Muddle（2004）同樣表示民粹不但不能當作是社會病態，反而要視爲一種新的時代思潮（張佑宗，2009）。Mizuno 與 Phongpaichit 直言人民智慧

（wisdom）在民粹主義中扮演重要的角色，雖然所謂的人民智慧並非是法律、科技、行政或其他任何的專業知識，它僅僅是日常生活中得來的基本常識（common sense），帶有反智的立場、不信任專家、官僚及代議式，但人民及人民智慧能夠且應該自行做出政治決定（黃昱珽、蔡瑞明，2015；Mizuno & Phongpaichit, 2009）。林淑芬（2005）認為「人民主權」在當代民主政治論述場域中仍是一個重要的正當性基礎。陶儀芬（2008）亦指出如果我們僅不斷強調民粹主義的不理性與不道德，恐怕只會更加深一般人民之怨憤，讓民粹主義更為盛行，故應該對民粹主義加以同情理解。黃昱珽與蔡瑞明（2015）認為對民粹主義理論之考察，有助於臺灣民主政治、公民社會與社會運動等理論研究之深化，且民粹主義雖有其黑暗面，但民粹主義在臺灣其實發揮諸多正面功能，有助於臺灣之民主化。張佑宗（2009）的調查研究結果也發現過去許多學者擔憂臺灣民粹式民主將會使臺灣民主發展受到嚴重阻礙，但資料顯示並非如此，是故經驗事實（fact）與學者的感受（perception）實際上是有一段差距。

另一方面，也有學者對民粹主義持負面的看法。1995年，王振寰與錢永祥即為文指出民粹主義與民主制度有著矛盾緊張的關係，人民此一概念由上而下之建構操控，是與多元民主相衝突的。謝復生（1996）表示現代之代議民主有其優點，可保障多數免受少數的迫害，也可保護少數免遭多數的欺凌，這不是直接民主所能比擬的，且多數所代表的民意並不是絕對的真理。陳毓鈞（1997）陳述各國的民粹主義都具有共同點：(1) 具反智主義傾向，敵視建制內之菁英；(2) 具本土地域傾向，故有排外色彩；(3) 具急躁粗俗傾向，故好採激進手段；(4) 具原教旨主義傾向，故表現出宗教迷信現象；(5) 具平均主義傾向，故反財團及統治階層；(6) 具群眾直接民主傾向，不耐於代議民主之法治程序。陳毓鈞進一步指出上述民粹主義之特徵，事實上是負面作用大於正面作用。呂亞力（1999）也表示直接民主在人數眾多、人民對政治不夠理解的社會，往往會演變成為少數煽動家利用人民情緒，成為非理性之民粹式民主，絕非社會國家之福，其流弊超過代議民主。吳瓊恩於2001年直陳臺灣當前政局的混亂，有一大半因素是決定於兩岸關係和政客們不遵守憲法規定之民粹主義作風，以及意識型

態之作繭自縛有密切關係。水島治郎也表示民粹主義過度表露人民意志，尤其是透過投票一舉定案，限制了政黨與議會的權限，因而衍生輕視制度與程序之情形（林詠純譯，2018）。

在經過前揭之正反陳述後，我們更容易梳理民粹主義的正負面功能，其正面功能是可深化民主，負面功能是反智、反菁英及反體制，且有排他之現象。爰此，作為教育行政機關之教育政策決定者，當可更為客觀理解民粹主義的內涵及精神。綜言之，判斷民粹到底好或不好之前提應該是我們對「民粹」一詞要有正確的認知。進一步來說，對於教育政策是否訴諸人民、民意或民粹，支持這樣看法的人應該了解教育政策訴諸民粹的優點與缺點，不支持者也應該認知訴諸民粹的可能理由與侷限，即所謂知其然，還要知其所以然，就像教師在教學現場採用了合作學習，也應該客觀了解合作學習之優點及教學侷限。

肆）民粹主義與教育政策

以較為宏觀的視野觀之，教育政策決策有菁英主義模式，也有團體理論模式，也有公民參與模式（吳定，2012；蔡進雄，2014），民粹主義較偏屬於公民參與模式的一環。此外，吾人也應該要理解影響教育政策的因素相當多元而複雜，例如政治、社會、文化價值、意識型態等因素，也就是說，不是單一民粹主義可以歸因的。職此之故，當我們以更寬廣的角度來看時，就能將民粹與教育政策決策兩者的關係做出較為適切的定位。

至於我們教育人員最為關切的是教育專業與民粹是否相牴觸的問題，在回答這個問題之前，我們必須承認民粹主義的基本共同質素是訴諸「人民的力量」、「反菁英」與「反墨守成規」（anti-status quo）（陶儀芬，2008）及反智傾向。然誠如鄧志松（2005）所言，如果政府在法的架構下運作，即使我們對施政內涵極為不滿，也莫可奈何，因為這是人民的選擇，不必一味指控。

職此之故，教育政策決定者在進行決策時，除了以教育專業考量外，還需理解民眾及家長對教育改革的看法，並多進行雙向溝通對話。此外，

我們也發現專家與非專家的界線已逐漸模糊，從風險社會理論來看，專家知識並不可以成爲教育決策依據的唯一來源，常民知識常可補足專家知識的盲點與不足（周桂田，2004；Beck, 1992），而相信人民及家長的教育觀點亦是決策的選項。Pierre Bourdieu 亦認爲百姓日用而不自知之常識，對於社會世界的順利運作有著極爲重要的作用（黃厚銘，2002）。申言之，在臺灣政治上有出現過民粹的現象（康培莊，2015），但我們也可進一步體察國內教育是否有出現過民粹的現象，還是教育政策較少參酌民意；而倘若較少依據民意，則這有可能是對專家的迷思，忽略風險社會理論對專家與非專家的見解，事實上，人民的教育觀點與判斷也有其可參考之價值。

總括來說，教育政策決策有菁英主義及多元主義之不同主張，民粹主義應屬於多元主義及公民參與的一環。進言之，從教育行政機關角度來看，端視教育政策決策者如何面對並理解民粹的優點及其侷限。至於國內的教育政策與教育改革是否已流於民粹主義，則是可以進一步考察與驗證。惟筆者認爲國內教育政策較偏向菁英主義，梁雅賀與孫玉中（2014）也認爲國內現今教育體制仍多爲由上而下的模式運作，以十二年國民基本教育政策爲例，教育主管機關於推動過程，思維仍是宣導多於溝通，說明重於座談。

伍 從民粹主義探析國內教育政策決策發展趨勢

經由上述對於民粹與教育政策的探析，筆者再提出以下幾點省思，以供教育政策決策之參考：

一、教育政策決策愈來愈重視教育利害關係人的看法

如果我們將民粹更扼要地定義爲施政以民意爲依歸，則教育政策決策愈來愈需重視民意。目前國內教育政策決策大致以菁英及專家的意見爲主，但民粹主義興起下，教育政策決策必須更深化民主，以符合民主精神。

具體而言，在不違反法律與憲政前提下，訴諸民粹是一種教育政策制定的選擇依據，因為民粹代表人民的力量，是一種由下而上的力量。

二、教育政策決策必須更為透明及重視多元溝通

教育政策決策過程應反省是否有教育體制不完善、訊息資訊不明、溝通對話不足之情況。更確切地說，推動重大教育政策既要有專業規劃，也要參考各方意見，並且要有足夠前置溝通時間、局部實驗成效、多元溝通管道及政策內涵符合公平正義（蘇揚期，2015）。

三、民意調查可供教育政策決策之重要參考

教育影響個人社會流動，且人們多有受教育的經驗，故易受評批，因此對於與莘莘學子有關的教育政策大都會受到關注，並會發表意見，是以進行教育民意調查是有其需要，藉由具公正性、系統性及科學性的教育民意調查可以獲得真正的民意，而非僅憑少數人的觀察。除外應妥善運用各種民意調查方式，例如網路民意調查或大數據等均是新興的教育民意調查。

四、教育政策決策宜兼顧不同決策模式

教育政策決策模式有菁英、團體與公民參與等模式，未來的趨勢是無法仰賴以單一模式進行決策，故教育政策決策宜兼顧菁英主義、團體模式、民粹主義及民意調查之結果，或考量教育政策之類別與性質而定。

陸　結語

在網路的推波助瀾下，民粹已是政治學的重要課題，也是教育政策領域必須了解的概念。吾人應在紛紛擾擾之民粹不同見解下，爬梳一條較為清楚的理路，這也是本文試圖努力之方向及撰寫動機。

民粹主義常與民主做連結，可被視為良性的發展，也同時被視為是不理性、情緒化、反知識社群及排外的表現（康培莊，2015）。作為教育

人員或教育政策制定者必須了解「民粹」一詞的中立性，並體認民粹有其正面功能及反面功能，而非只有反智、反專業及反體制之負面功能，且能進一步深思教育政策之溝通對話是否充足、回應是否即時、決策依據是否單一專家取向等問題，如此才能給予民粹在教育政策過程中恰如其分的定位。

　　總結說來，在倡導教育民主化及校園民主化的教育環境和學校微領導趨勢下（蔡進雄，2016），教育政策決策與執行應顧及民意及教育民意調查，而民粹概念的釐清將有助於教育政策決策者及教育領導者統整行政威權、專家知識及家長民眾的聲音，且應進一步深思如何將由下而上的教師、家長及民眾力量匯聚轉化成為一股巨大且源源不斷的教育生命力。

$$\left[參考文獻 \right]$$

王振寰、錢永祥（1995）。邁向新國家？民粹威權主義的形成與民主問題。台灣社會研究季刊，**20**，17-55。

吳定編著（2012）。公共政策辭典。臺北市：五南。

吳瓊恩（2001）。當前台灣公共行政的政治系絡。中國行政評論，**10(2)**，1-36。

呂亞力（1999）。非理性的民粹或民主：論公投入憲。海峽評論，**99**，36-37。

林淑芬（2005）。「人民」做主？民粹主義、民主與人民。政治與社會哲學評論，**12**，141-182。

林詠純（譯）（2018）。民粹時代：是邪惡的存在，還是改革的希望？。水島治郎原著。臺北市：先覺。

周桂田（2014）。風險社會典範轉移：打造為公民負責的治理模式。臺北市：遠流。

康培莊（2015）。民粹主義侵蝕台灣政治？。全球政治評論，**51**，1-8。

張佑宗（2009）。搜尋台灣民粹式民主的群眾基礎。台灣社會研究季刊，

75，85-113。

梁雅賀、孫玉中（2014）。十二年國民基本教育的隱憂與前瞻。**臺灣教育評論月刊**，**3**(2)，96-100。

陳毓鈞（1997）。告別民粹，步向民主。**海峽評論**，**79**，75-76。

陶儀芬（2008）。全球化、民粹主義與公共知識社群。**思想**，**9**，223-231。

黃厚銘（2002）。導讀：皮耶布赫迪厄與反身社會學（reflexive sociology）。載於孫智綺譯，**布赫迪厄社會學的第一課**（頁191-218）。Patrice Bonnewitz原著。臺北市：麥田。

黃昱珽（2014）。台灣民粹主義主轉變的探討：選舉民粹主義的形成。**弘光人文社會學報**，**17**，52-73。

黃昱珽、蔡瑞明（2015）。晚近臺灣民粹主義的發展：人民與他者想像的形成。**思與言**，**53**(3)，127-163。

蔡進雄（2014）。新世紀教育政策研究的重要發展面向。**教育人力與專業發展**，**31**(2)，47-54。

蔡進雄（2016）。論學校微領導時代的來臨。**臺灣教育評論月刊**，**5**(6)，146-149。

鄧志松（2005）。政治學本土化與台灣的民粹論述：一個韋伯觀點的評析。載於石之瑜主編，**從臨摹到反思：我國社會科學博士對歐美知識與體制的回應**（頁73-116）。臺北市：翰蘆圖書。

蘇揚期（2015）。教育部您的教育政策是從賢還是從眾。**臺灣教育評論月刊**，**4**(5)，28-31。

謝復生（1996）。公民投票：主權在民的體現或民粹主義的濫用。**問題與研究**，**35**(7)，38-46。

Albertazzi, D., & McDonnell, D. (2008). Introduction: The scepter and the spectre. In Daniele Albertazzi & Duncan McDonnell (eds.), *Twenty-first century populism* (pp.1-14). New York: Palgrave MacMillan.

Arditi, B. (2003). Populism, or politics at the edges of democracy. *Contemporary Politics*, *9*(1), 17-31.

Beck, U. (1992). *Risk society: Towards a new modernity*. (Trans. by Mark Ritter). London: Sage.

Canovan, M. (1981). *Populism*. London: Junction.

Canovan, M. (1999). Trust the people! Populism and the two faces of democracy. *Political Studies*, *XLVII*, 2-66.

Mizuno, K., & Phongpaichit, P. (2009). Introduction. In Kosuke Mizuno & Pasuk Phongpaicjit (eds.), *Populism in Asia* (pp.1-17). Kyoto: Kyoto University Press.

Muddle, C. (2004). The populist Zeitgeist. *Government and Opposition*, *39*(4), 541-563.

研究篇

第九章

我國智庫與教育政策關係之展望

壹 前言

　　智庫（think tanks）在西方國家，特別是美國，已經有相當長的發展歷程，最近在世界各地也發展快速（王麗雲，2006；Stone, 2004）。在美國，除了有難以計數的大專院校外，並有成千上萬的各種政策智庫，其存在之目的主要是藉由學術與政策的研究，進而誘導、影響或改正政府的特定政策（黃介正，2001）。事實上，美國智庫在內政及外交政策議題已扮演必要的角色，且智庫數量及影響力不斷擴大（Abelson, 1995; Bogen-schneider & Corbett, 2010）。郭壽旺（2006）也指出美國智庫近幾十年以其專業之學術背景、良好的政商關係及有效的行銷手腕，已成為決策者在政策制定上不可或缺的倚仗。誠如吳定（2003）所言，智庫之所以能夠在政策運作過程中日益彰顯其重要角色，乃因智庫通常能將政府機關、利益團體、大眾傳播、菁英分子等結合起來，並產生積極的領導作用。蔡進雄（2013）亦表示提升教育政策決策品質，除了增加學術研究者與教育政策制定者的溝通對話外，智庫的建立可以集結更多的學術界夥伴進行政策研究，藉此可發揮更大的研究產能，以供教育政策制定之參考。

　　智庫的歷史可追溯至1831年在英國成立的「皇家聯合研究所」，最初的研究方向為軍事與海戰理論（林建甫，2014）。智庫與民主國家常像一對孿生兄弟，民主進程愈高的社會，智庫往往愈多、愈獨立，也愈受當政者重視（林奇伯，2002）。許多民主國家在擬定教育政策時，通常需要經過審慎之政策研究與後果評估（周祝瑛，2008）。再者，有權力而無知識是令人可怕的（Smith, 1991），可見在民主社會及專業考量下，智庫對教育政策制定有其重要性。質言之，教育政策影響層面至深且廣，因此，教育政策的制定需要經過審慎評估與規劃，而智庫正可以提供教育決策之相關研究、諮詢與建議，使教育政策的執行更能解決問題並達成教育政策目標。

　　盱衡探討智庫的文獻或研究頗多，但國內專文或專題研究探究智庫與教育政策的篇數卻是相當有限，目前僅有王麗雲（2006）發表在《當代教育研究》期刊一文有較為完整地探討智庫對教育政策的影響，國內教育類

碩士或博士論文迄今也少有以智庫為主題的研究。基於此，智庫與教育政策的探討是一個教育學術研究的缺口，值得進一步探討，故本研究將先探討分析智庫的定義及相關理論，並透過焦點團體訪談以了解學者專家對智庫與教育政策關係及展望的看法。具體而言，本研究的目的是經由文獻探討及焦點團體訪談之研究方法探究國內智庫與教育政策的關係情形及未來可以努力的方向，最後根據研究結果提供建議，以供相關單位之參考。

貳、智庫的定義與相關內涵

一、智庫的定義

　　智庫一詞最早出現於十九、二十世紀之間，是用來表示「智囊」（brain）的英國俚語（彭錦鵬，2012），亦即智庫是二十世紀以來新近的發明，國外相關文獻的探討仍屬於低度發展的階段，所以有關智庫的定義相當紛歧，且未獲得普遍一致的共識（曾秉弘，1999）。例如有人認為政府單位內部設立的政策研究單位，因不屬非營利組織，研究的中立及自主性較低，故不歸為智庫（王麗雲，2006）；但也有學者將智庫分為民間智庫及政府智庫（朱志宏，2002），也就是說，政府所設的研究機構亦可視為智庫。以下陳述各學者專家對智庫的觀點，Kelley 於 1988 年以通俗的詞彙來描述智庫：「是一種組織的安排，在其中，企業部門政府機構以及富人把數百萬經費拿出來，交給組織的研究人員，而這些研究人員必須花費時間來完成研究案，最後研究者與機構把他們的名字印在研究報告上，這就是智庫。」（引自官有垣，1999）Smith 於 1993 年表示智庫是一個獨立的組織，從事跨學科的研究，其組織成立的宗旨是試圖去影響政府的公共政策（引自官有垣，1999）。Abelson（2002）認為智庫必須有一些共同的特徵，亦即是在公共政策研究方面之非營利及非政黨的組織。維基百科（2013）陳述：「智庫又稱智囊團，是一個對政治、商業或軍事等政策進行調查、分析及研究的機構，通常獨立於政府或政黨，不少與軍事實驗室、商業機構或大學等有聯繫，部分以『研究所』作為名稱。」朱

志宏（2002）認為所謂智庫是指從事公共政策研究、分析，並向「顧客」（clients）提出政策建議的「非營利組織」（non-profit organization）。

王麗雲（2006）將智庫定義為相對中立、自主、非利益導向之非營利機構，有一定數量之專業人員，且透過專業研究，提出政策分析與建議，以影響公共政策過程。高麗秋（2011）陳述智庫應為：(1) 跨學科及統合各領域之公共政策研究組織；(2) 其組織營運（相對地）獨立於政府、學校機構及社會團體（如私人企業、政黨）之外；(3) 其執行政策分析、研究任務之人員，需具備一定的專業知識與研究水準。孫克難（2011）主張國家智庫的角色在於集合專業人才，經年累月從事公共政策研究，提出合乎國家整體利益及長遠發展的建言，供政府決策之參考。吳定（2012）指出智庫是指參與公共政策運作過程，進行政策分析，提供政策相關資訊及建議的研究機構。智庫包括官方、半官方及民間的研究機構，不過一般以民間及半官方的研究機構為主。林建甫（2014）陳述智庫是研究機構，以提供國家社會問題分析及策略建言，有人翻譯成「思想坦克」，可見智庫之威力。

綜合以上所述，狹義的智庫是一種非營利型並獨立於政府或政黨的研究機構，但廣義的智庫則是包括官方、半官方及民間的研究機構。進一步而言，智庫可定義為係指能提供政策制定者相關資料、資訊、研究成果、諮詢、建議及支援的研究機構，其功能在於影響政策之規劃與制定。

二、智庫的功能與角色

上述有關智庫的定義已隱約點出智庫的功能及角色，茲進一步闡述如下。Weaver 分析智庫在政策過程中扮演五種主要的角色：(1) 政策理念的來源：智庫主要工作即是探求知識理念，目的是使政策制定者能夠接受其研究成果的建議；(2) 政策議案的評論者與來源：許多智庫在國家元首或行政首長甫上任，即開始從事一系列政策議題的評論並提出對策的行動；(3) 政府政策方案執行評估者：一旦政府政策方案開始運作，智庫經常主動或受邀評估那些方案是否有效地在運作；(4) 人才的來源：智庫是政府甄拔高級官員及專家的人才庫，智庫也是從官場下來的人士之避風港，並

等待捲土重來；(5) 權威的意見：新聞媒體經常喜歡引述研究人員所發表的意見，可顯示訊息來源的權威性（官有垣，1999；Weaver, 1989）。陳啟迪（1989）認為智庫的功能在研究問題、分析政策、提供政策建議並作市場調查。此外，行銷是智庫工作中重要一環，亦即將研究成果及理念帶入公共政策範疇並試圖影響輿論及決策方向。吳彰仁（1991）指出執政者可借助政策研究，一方面提供決策時的參考，另一方面當決策面對挑戰時，政策研究成果可以轉變成為政策辯護的利器，而有助於政策執行並減少反對力量。

朱志宏（2002）陳述智庫在公共政策制定過程中的功能為：(1) 倡導政策的理念：發掘新的政策問題並提出新的政策理念，並透過行銷讓政府採納；(2) 塑造公共輿論：智庫的研究人員經常在媒體發表專家意見，塑造公共輿論，以利於推動公共政策；(3) 設定政策議程：智庫經常提出特定的公共政策問題，進行公開討論，促使政府採取具體的政策行動；(4) 提供政策建議：智庫為政府提供政策建議，並且企圖影響公共政策；(5) 政策行銷：智庫將其針對各種公共政策問題所完成的研究成果，出版專書、專刊或寫成摘要等，分送政府各個部門，作為決策參考的依據；(6) 儲備政府人才：智庫有時也會扮演「流亡政府」的角色，收容退休的高級公職人員或失意政客在智庫暫時棲息，因此，政府常向智庫尋覓人才。鄭興弟（2003）指出智庫與政策規劃的關係是為政府提供治國藍圖、提供論壇、扮演人才庫角色及成為政策理念的泉源。馬博元（2004）指出智庫在政策制定過程的影響管道可分為直接及間接兩種，前者是成為決策過程之一角，如擔任行政部門官員；後者是影響決策意見，如接受決策者委託進行專案研究。吳定（2012）認為智庫通常擁有各類型的政策分析人員，並接受政府機關委託，從事政策問題的研究，或是基於本身的專業需求，主動進行各種政策問題研究，為決策者提供政策諮詢。

歸納上述觀點，智庫在教育政策上主要可扮演以下角色，如圖 9-1 所示：(1) 研究者：智庫主要是進行教育政策相關研究或貼近教育政策實務的研究，透過政策研究可引領政府往前邁進；(2) 諮詢者：智庫依據其研究發現可以作為教育政策制定的諮詢者角色；(3) 行銷者：智庫也可以透

過發表或媒體傳播，主動行銷教育政策之理念。不論是發揮何種角色，作為智庫的重要角色及功能就是希望能夠影響教育政策並促進教育目標之達成。

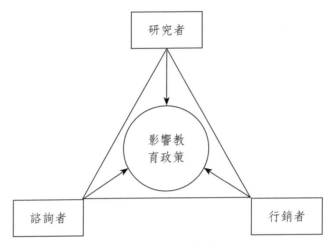

圖 9-1　智庫的角色與功能

三、智庫的類型

Weaver 將智庫分為三種類型：(1) 以研究為導向的機構：稱之為「沒有學生的大學」（university without students），此類型的研究機構相當依賴學術界之研究人士，經費主要來自私人部門；(2) 以接受委託研究為主的研究機構：又稱為政府契約的研究組織，所進行的研究以配合委託者的意願為主，除非委託機關選擇決定公開資料，否則是不會公開的；(3) 倡導型智庫：這是以影響政府決策為主要目標的研究機構，重點在改變決策人士對於某些政策問題的看法（官有垣，1999；Weaver, 1989）。黃介正（2001）以其曾在美國智庫擔任資深研究員的多年經驗指出，美國政策智庫雖為數眾多，仍有下列概略分類：(1) 非官方與半官方智庫：美國政府相關部會為廣徵各界意見、提升決策品質，多以自編預算支持或重點贊助政策智庫。整體而言，美國大部分智庫均非官方性質，必須依賴企業或民間贊助基金及委託研究經費運作，然亦可接受政府委託研究案及相關經費

補助。(2) 保守派與自由派智庫：美國公共政策智庫雖多強調超黨派，惟由於贊助經費來源、主事者之個人偏好，以及機構之長期傳統，仍有保守派與自由派之區分。

　　朱志宏（2002）也將美國智庫的類別分為民間智庫及政府智庫。郭嘉玲（2003）表示國內智庫發展大約可分成三種類型，即學術型、政黨型及倡導型，早期成立的是學術型為主，例如臺灣經濟研究院；政黨輪替後成立的智庫是屬於政黨型智庫，例如國民黨成立國家政策研究基金會；2001年成立的「台灣智庫」則是屬於倡導型智庫。吳定（2012）指出智庫包括官方、半官方及民間的研究機構。吳宗翰（2010）的研究是將智庫分為研究型智庫、綜合型智庫及活動型智庫，研究型智庫僅以承接研究案為主，綜合型智庫是兼具進行研究及研討會等活動的辦理，活動型智庫則是研究數量低而以舉辦研討會及論壇等活動為主（彭錦鵬，2012）。彭錦鵬（2012）表示為了維持政策建議的獨立性與自主性，大部分先進國家的智庫機構通常獨立於政黨及政治之外，僅有少數智庫成為政府或政黨背後的智囊團，以顧問性質方式提供政府或政黨相關的政策研究或建言。

　　綜上所述可知，智庫有不同的分類標準，有人採與政府官方的關係程度，分為官方、半官方及民間智庫；也有人採研究與活動辦理的比重情形來分類，分為研究型、活動型及綜合型；此外亦可從政黨涉入角度，分為學術型、政黨型及倡議型。

參　美國與臺灣智庫的情況

　　接下來說明美國的智庫情況，之後再探討臺灣智庫及教育智庫。智庫功能的發揮以美國最具代表性，據估計，美國至少有 1,000 個私人、非營利的智庫，首都華盛頓就有 100 個以上。研究也顯示，全球的智庫有一半以上是在美國。美國若干最具影響力的智庫如下（吳定，2003；朱志宏，2002；鄭興弟，2003；Abelson, 2002; Dye, 2002）：(1) 布魯金斯研究所（Brookings Institution）：布魯金斯研究所長期以來是美國外交政策的主要規劃者，也在 1960 年代於福利改革、國防及租稅等政策規劃發揮影

響力，該所擁有第一流的研究人員，其在經濟政策領域的研究成果有目共睹；(2) 美國企業研究所（The American Enterprise Institute）：曾經很多年，美國共和黨人一直夢想有一個「共和黨的布魯金斯研究所」，以協助對抗布魯金斯研究所本身的偏見，此項角色就由美國企業研究所承擔；(3) 傳統基金會（The Hertiage Foundation）：企業家爲建立堅強且持續的影響力所成立的智庫機構，相對於布魯金斯研究所傾向於自由派的立場，是一個比較保守的智庫；(4) 外交關係協會（The Council on Foreign Relations）：外交關係協會對於美國政府的影響很普遍，雖然有學者指出該協會與政府關係密切，但協會本身否認他們對美國外交政策有任何控制權。誠如 Dye（2002）所言，上述智庫對於美國重要政策領域具有廣泛的影響力。此外，美國有些智庫拿到企業集團或外國政府的經費做研究後，很難保持客觀、中立和公正之專業精神，智庫變質爲替特定利益團體背書或成爲遊說組織（林博文，2014；曾復生，2014），此爲美國智庫的問題之一。

　　臺灣智庫機構的濫觴，最早可追溯至 1953 年，政府在國安局體制下設立「國際關係研究會」，成爲當時政府的「御用」諮詢機構。臺灣的智庫在 2000 年至 2008 年出現一種前所未有的興盛局面，然而在 2008 年國民黨重新執政後，智庫機構數量已達到飽和，出現停滯現象，加上國內公民文化尚未成熟，使得臺灣的智庫運作及營運漸趨困難（彭錦鵬，2012）。基本上，臺灣智庫的成立與政黨輪替有程度上的關聯，且臺灣的智庫其介入政治過程較政策參與更爲明顯（吳光蔚，2005）。

　　在臺灣經濟界有名的智庫有臺灣經濟研究院、臺灣綜合研究院及中華經濟研究院等研究機構（林建甫，2014）。而於教育智庫方面，雖然國內有些智庫會探究教育政策議題，例如財團法人國家政策研究基金會下有設置教育文化組（郭嘉玲，2003），但其中以國家教育研究院（簡稱國教院）的教育智庫功能最爲明顯。國家教育研究院目前的定位爲教育部附屬機構之一，自 2005 年 5 月成立籌備處歷時 10 年，整併臺灣省國民學校教師研習會、臺灣省中等學校教師研習會及國立編譯館、教育資料館等後，立法院於 2010 年 11 月 16 日年通過《國家教育研究院組織法》，總統公布後，依法成立（李建興，2013）。國家教育研究院掌理下列重要事項

（王如哲，2013）：(1) 教育制度、教育政策及教育問題之研究；(2) 教育決策資訊及專業諮詢之提供；(3) 教育需求評估及教育政策意見之調查；(4) 課程、教學、教材及教科書、教育指標與學力指標、教育測驗與評量工具及其他教育方法之研究發展；(5) 學術名詞、工具用書及重要圖書之編譯；(6) 教育資源之開發整合及教育資訊系統之建置、管理及運用；(7) 教育人員之培訓及研習；(8) 教育研究整體發展計畫之擬定及執行；(9) 教育研究成果之推廣、服務、學術交流與合作；(10) 其他有關國家教育研究事項。

　　進一步比較各國國家級研究機構，以機構屬性來看，如紐西蘭、英國為獨立運作之機構，新加坡是隸屬於大學學院內的獨立組織，而直接隸屬於教育部者，如美國、日本、巴西。各國國家級教育研究機構主要任務多為進行教育領域的相關研究、蒐集教育資訊及作為教育政策制定者的智庫（陳榮政、楊振昇，2012）。由此觀之，國家教育研究院與美國、日本、巴西等國相似，都是隸屬教育部，且與各國國家級教育研究機構一樣，其任務亦是進行教育研究並以成為教育智庫自許。

　　為扮演國家智庫角色，國家教育研究院可加強與教育政策的連結，擴增教育研究於教育政策實施的影響面（陳榮政、楊振昇，2012），進行具前瞻性、整體性及開創性的政策研究，並深化研究歷程與教育行政部門的互動與對話（李文富，2013）。申言之，國家教育研究院是教育部之重要教育智庫，可以成為政策支援系統（Policy Support System），亦即整合專家、資料庫等各項資源，以發展支援教育政策之規劃、制定、執行、評估等之一套系統（葉堂宇，1997），且未來宜從事更多的政策性研究、突破性研究，並加強與教育行政部門的溝通互動，將教育政策研究轉化成為教育政策實施，以對教育政策發揮更大的影響力。

肆　智庫的挑戰：政策導向研究與學術導向研究的差異

　　由於智庫大多是從事政策導向的研究，故有必要分析政策導向研究與學術導向研究的差異，這也是作為智庫機構的挑戰。研究的類型因角度的不同而有所區分，如從政策觀之，則研究大致可分類為政策導向研究與學

術導向研究兩種。以下從研究目標、研究過程、研究經費、研究方法、研究時間及研究應用等方面闡述教育政策導向研究與教育學術導向研究的差異（引自蔡進雄，2013b；謝棟樑譯，2000）。

第一，就研究目標來看，教育政策導向或政策問題導向研究之研究目標是為了解決教育政策問題或形成教育政策，例如教育部委託某大學進行師資培育政策問題的研究，其目的是期待透過有系統的研究所獲得之研究結果能給予教育部師資培育政策研擬的建議，以解決師資培育問題。基本上，政策研究所探討的問題必須落實在特殊的時空環境中（吳彰仁，1991）。Majchrzak 亦認為政策研究是透過對基本社會問題的研究，以期提出務實的行動方案，進而改善這些基本社會問題（謝棟樑譯，2000）。是以教育政策研究係指對教育問題的研究，以期提供教育問題解決的行動方案，並藉由行動方案的推動以改善教育問題；而學術導向研究的研究目標則是為了知識生產及知識創新，主要目標並非改善教育政策問題。誠如魏鏞（2004）所言，學術研究是以好奇及增加知識為目的，行政研究則是在於解決問題及協助行政決策主管擴大視野。

第二，就研究過程來看，教育政策導向研究的研究過程必須要與教育政策制定者進行雙向溝通，使政策研究與政策制定者之需求對焦。Majchrzak 特別提出向政策制定者傳達政策研究的四項原則：(1) 在整個政策研究過程要積極進行雙向溝通，並了解政策制定者關心的是研究結論與建議；(2) 與各種不同的研究使用者溝通，並將術語轉成不同聽眾能了解的觀念；(3) 有效的呈現創造良好的溝通基礎，如多媒體及多方法呈現方式的效果遠超過任何單一媒體和單一方法；(4) 口頭溝通通常較書面溝通更具效果。一般而言，政策制定者是十分忙碌的人，沒有時間去閱讀冗長的文件（謝棟梁譯，2000）；另一方面，一般學術研究之研究過程則只要依據學術研究步驟進行即可。

第三，就研究經費來看，教育政策導向研究常受政府部門之委託，是以經費來源可從教育行政機關獲得補助，而一般教育學術研究則常是學者向不同機關申請研究補助，或是自費進行研究。

第四，就研究方法而言，除了運用量化、質性或混合研究方法外，教

育政策導向研究常會進行座談會或舉辦公聽會，以蒐集不同利害關係人的多元觀點，而一般學術導向研究則比較少採取公聽會以蒐集資料。

第五，就研究時間而言，教育政策導向研究因有政策實施之時效性，所以常有研究的時間壓力，而學術研究不必刻意呼應政策的時效性，故研究時間上可以彈性調整。

最後，就研究應用觀之，教育政策問題導向研究之研究結論及建議比較有機會受到教育政策制定者的注意，因為教育政策研究案常是受委託，且對於行政機關而言，研究是要與政策、發展相結合（魏鏞，2004），而且所提出的政策方案宜考量法令及經費配合之可行性，但一般教育學術研究之研究結論並不會直接影響教育政策，其研究結論與建議被教育政策採納的機會比較有限（引自蔡進雄，2013b）。

歸納上述，茲將教育政策導向研究與一般學術研究之差異比較，以表9-1示之。

表 9-1　教育政策導向研究與一般學術研究的差異

	教育政策導向研究	一般學術研究
研究目標	解決教育政策問題	知識生產與創新
研究過程	需要不斷與教育政策制定者溝通	遵循一般學術研究過程
研究經費	可從政府獲得補助	自費或主動申請相關單位之補助
研究方法	除了質性及量化研究外，還會採取座談會或公聽會蒐集資料	採取質性及量化研究法
研究時間	有時效性	研究時間較有彈性
研究應用	需與教育政策結合，且考量法令及經費配合之可行性	不必然與教育政策聚焦

伍 國內智庫的相關研究

國內智庫的相關研究並不是很多，茲就碩士及博士論文之研究加以陳

述。杜承嶸（1999）的研究指出臺灣智庫發展與其他先進民主國家相比，顯然遜色許多，而其在政策過程中所發揮的影響力，整體而言也並不突出。就議程設定的角色來說，臺灣學術機構型智庫的研究議程大都追隨政府部門的委託研究取向，少有自發性的議程設定功能發揮，而基金會型智庫對於國家整體發展的議程設定則是屬於點性質，未能有多大作為。唐大衛（2003）在其研究中表示當前國內智庫面臨的困境有三，分別是財源的匱乏、人才的流失及公信力的受損。郭嘉玲（2003）研究指出國內智庫發展面臨許多挑戰，其中最重要的是公信力、財源及人力資源。吳光蔚（2005）研究實證發現臺灣智庫在政策制定的過程中之角色，其在政策計畫之整合機制的影響遠遠少於其在政治過程之工具性特徵，此外，智庫成員之智識自主性的發展亦受限。吳宗翰（2010）研究結果得出臺灣智庫機構面臨六個發展困境，分別是型態活動化、同型態的智庫整合不良、資金取得困難、人才招募困難、研究方向受限、政府及社會不支持。傅永俊（2010）研究發現中國官方智庫扮演的角色頗多，與美國等西方智庫比較，其中擔任政府政策宣傳者的角色，以及作為情報機關的掩護機構，較為特殊。具體而言，由於政治制度的不同，中國智庫相較於西方有以下三點差異：(1) 高度的壟斷性，面對民間智庫的競爭相對較少；(2) 經費來源單一、量少；(3) 可透過屬於常態卻「非正規」管道直接提供高層政策建議，發揮其影響力。

歸納上述研究可知，相較於美國，智庫在臺灣的發展較為緩慢。近年來雖有許多智庫的成立，但研究顯示臺灣的智庫普遍面臨人才流失、財源缺乏、公信力受質疑及獨立自主性不足等問題。

陸、焦點團體訪談研究設計與實施

一、團體訪談之設計與實施

本文除了以文獻探討及文獻分析來分析智庫與教育政策的關係外，亦採四次焦點團體訪談蒐集學者專家對智庫與教育政策的看法。參與者的資

料編碼如表 9-2 所示，1-A 表示第一次焦點團體參與的 1-A 學者，2-A 表示參與第二次焦點團體訪談的 2-A 學者，依此類推。在進行焦點團體訪談之前，筆者先向參與者說明智庫的定義，並請與會者針對以下兩題討論大綱發表意見。

（一）請問目前國內之智庫與教育政策的連結為何？

（二）對於國內智庫對教育政策的影響或功能發揮，有何具體的改進建議？

表 9-2　參與者編號、擔任職務及專長

訪談代號	擔任職務	專長
1-A	科技大學教授（曾任職於教育部）	教育行政及政策
1-B	教育部所屬館長	教育行政及政策
1-C	國立臺灣師範大學教授	教育行政及政策
1-D	國立新竹教育大學教授	教育行政及政策
1-E	國立臺東大學副教授	師資培育政策、課程與教學
1-F	國立臺北教育大學兼任助理教授	教育人力發展、教育行政
2-A	國立臺北教育大學教授	教育行政及政策
2-B	國立屏東教育大學教授	教育行政及政策
2-C	臺南市政府參事（曾任教育局長）	地方教育行政及政策
2-D	國立臺灣師範大學教授	教育行政及政策
3-A	國立臺北教育大學教授（曾任職教育部）	教育行政與政策
3-B	國立臺北教育大學教授	教育政策、教育政策規劃
3-C	國立臺灣師範大學教授	教育行政與政策
3-D	國立臺灣師範大學副教授	教育政策研究
4-A	國立臺中教育大學副教授	教育行政與政策
4-B	臺北市立大學副教授	教育行政與政策
4-C	國立海洋大學教授	教育理論與教學媒體科技

二、訪談結果分析與討論

參與者對於所提供的兩個問題能表達多方意見，分析歸納四次焦點團體座談之要點如下：

（一）國內智庫與教育政策的連結尚有努力空間

相較於西方民主先進國家，國內智庫起步較晚，且都比較偏重政治經濟方面的智庫，此外，政策常受政治及民意等因素的影響，故國內智庫與教育政策的連結還有努力的空間。以下是編號 1-B、編號 1-F、編號 2-B、編號 2-D、編號 3-B 等參與者的看法：

> 國內智庫多偏重政治、經濟及外交等，教育智庫相對少。教育政策聯絡不夠清楚，恐怕是弱的，有待更廣泛蒐集及分析。（編號 1-B）

> 目前國內的智庫對政策固然是有影響，但都較偏向個人且少數人的意見。如同大家所提到的若是以團隊或政策社群方式，形成一個群（集）體的力量，經由眾人的集思廣義，找出較好的方案以提供教育部參考。（編號 1-F）

> 理論上，兩者關係密切，事實上也有部分連結性。但在實際制定與執行教育政策過程中，制定教育政策制定者常常因政治、民意與更上層的教育政策決策者之因素，而未能將智庫與教育政策做更有效的連結，以至於教育政策的實際執行面未能落實教育理念的原始意涵。（編號 2-B）

> 國內的智庫是被動發揮其功能，主動性發揮較少，相對來看，在中央部分連結較強，地方較弱。（編號 2-D）

> 國內與教育政策有關的智庫不多，如國民黨的政策研究中心，或者是中央研究院，或是民間零星單位。（編號 3-B）

影響政策並推動改革是智庫成立的重要宗旨（朱志宏，2002），故理論上，智庫應該對於教育政策發揮提供資訊、諮詢及引領的功能。但實際上，悲觀的想法是除非智庫成員直接從政，或者與決策者有相當密切的關係，否則對於教育政策決策影響是有限的（王麗雲，2006）。從上述焦點團體訪談歸納之內容亦可知，國內智庫與教育政策的連結強度仍有待努力。

（二）加強智庫與教育政策的對話交流與合作

由於國內智庫與教育政策的連結還有努力的空間，因此可以加強兩者的對話交流。以下是編號 2-B、編號 2-D 及編號 3-B 學者的觀點：

> 對話交流：透過彼此對話交流互為了解教育學術研究的取向與教育現場實務的需求。（編號 2-B）

> 加強雙方主動性，也就是主動性要加強，尤其教育行政機關更應該主動。（編號 2-D）

> 制度化的建立合作關係：智庫與行政機關應建立制度性的合作關係，包括何時應發布政策性研究議案、提供行政機關諮詢、作為行政機關的資料蒐集之後盾。（編號 3-B）

（三）智庫或國家教育研究院可進行重大政策議題研究並協助支援政策發展

與會學者專家大多認為智庫或國家教育研究院宜進行重大政策議題研究，而非僅是一時為解決細微問題蒐集資料。以下是編號 1-A、編號 1-B、編號 1-C、編號 1-D 及編號 4-C 等學者的觀點：

> 尋找政策重要議題，並依立即性和規劃性漸次研究，成為政策依

據。（編號 1-A）

國教院可進行重大政策議題研究、新興教育議題預先研究，如師資培育、陸生、外生、媒體影響數位化，以及基礎性長期性研究（大學或民間無法研究執行的），在經費及計畫下結合學術社群來做。此外，設置教育決策支援系統。（編號 1-B）

智庫主要處理的資料在於重要關鍵教育議題，所以必須具有掌握教育議題能力。其議題包括問題、機會及趨勢的評估。（編號 1-C）

國教院和教授所作的研究有何差別？重要的在於未來性、重大性、整合性及系統性。（編號 1-D）

智庫應是永續性質，倘若智庫僅是一時為解決問題蒐集資料，此時的智庫只是成為工具性質的。（編號 4-C）

此外，智庫或國家教育研究院除了進行重大教育議題研究外，宜引導政策發展並成為教育政策的支援系統，如教育資料庫的建立。以下是編號 1-A、編號 1-C、編號 1-F、編號 2-D、編號 3-B 及編號 4-C 等所表達的意見：

協助教育部各司處尋找政策發展方向和重點，俾形成政策議題，以作為政策研究和規劃之依據。建立「精實型」決策支援系統的知識庫並依作用影響功能漸次形成。（編號 1-A）

智庫需要不斷的累積證據資料庫，以作為議題訴求的證據。（編號 1-C）

從決策系統而言，即使很基本的資料對於決策來說是很重要的。

（編號 1-F）

智庫需掌握教育脈動，提高智庫信任度。（編號 2-D）

智庫應長期的建立資料庫，作為研究及制定的參考。長期的對於各級教育學生及教師或教育行政人員或家長的意見進行資料的建置，以作為政策制定的參考。（編號 3-B）

智庫應是一個智囊團，以彌補執政者不足，或是執政者需要一些資訊提供。不論官方或非官方智庫，只要對政策能夠解決問題，或許對於有些問題且已制定政策解決，也是智庫可以協助執政者所扮演角色及功能。（編號 4-C）

（四）各大學、相關研究單位與國家教育研究院可進行整合

由於國內有多所師範大學及教育大學亦從事教育學術研究，有些研究單位也進行教育研究，故各大學、相關研究單位都可以與國家教育研究院進行整合，集結成為政策學術研究社群，發揮更大的影響力。

宜在政策議題上和大學教育系所或非營利事業組織作研究特色功能分工，成為國家教育研究院後勤支援。（編號 1-A）

在國內（如金車及富邦）都有在作研究，如能把國教院當成一個整合平台（包括教育類的大學），形成一個平台的觀念，這是一個可以發揮角色的部分。（編號 1-E）

多元性和品質競爭是教育研究很重要的部分，如果只有單一來源的研究，對於國內教育研究發展及政策改進的幫助較小。國家科學委員會也是一個可能的智庫來源。（編號 3-D）

(柒) 我國智庫與教育政策關係的展望

　　由於政治環境及民主化程度的差異，我國智庫發展與美國智庫的發展有相當大的差異及距離。吳定（2003）陳述我國未來如欲發揮政策智庫之服務功能，除鼓勵多成立智庫外，還可以增加以下的項目：(1) 在大學增加訓練計畫；(2) 在大學、政府或私人機構增加設立政策研究中心；(3) 增加政策研究經費；(4) 增加政策出版品；(5) 增加政策取向學會的成立。唐大衛（2003）主張屬於非營利的智庫應以發揮對公共政策的導航力量自許，不受政府、企業或利益團體的操控為原則，展現自發性的倡議功能，並積極與不同學術研究機構交流，且尋求與政府或企業建立委託專案研究的契約關係。唯有堅持公共性、公益性及自主性，和政府保持合作、競爭、監督及對等的關係，才能建構第三部門的永續發展。郭嘉玲（2003）陳述有利智庫發展的因素是開放的決策環境、統治者的開明態度、智庫的自我精進及智庫領導者的策略規劃。彭錦鵬（2012）整理智庫機構未來展望主要為：(1) 創造分享價值：智庫機構透過知識的推廣、資訊的傳遞以凸顯智庫機構的組織宗旨，也讓一般民眾理解智庫存在的目的與意義；(2) 建立知識分享平台，提升公民社會品質：智庫機構應透過白話的語言及深入淺出的解釋，使民眾了解各項政策的專業內容；(3) 增進與私部門互動關係：除了與政府部門互動外，也可協助私人企業了解最新的政策方向；(4) 構築與政府部門的具體連結：可採定期與不定期的會面，提供最即時的政策建議，以確保政策制定與執行能符合公共利益；(5) 強化智庫機構的交流：可增加智庫彼此間互動交流並創造合作契機，在舉辦活動或議題倡導推動上，可減少每個智庫機構的負擔。王麗雲（2006）對於透過智庫提升教育政策品質方面，則建議提高學術及專業導向智庫數量、提高現有智庫對教育政策關心程度、減少政治文化對智庫發展不利的影響。此外，Selee（2013）則主張成功的智庫需要回應以下五項策略性問題：(1) 組織想要達成什麼目標？(2) 組織要做出什麼獨特性的貢獻？(3) 誰是組織的關鍵讀者？(4) 組織需要什麼資源？(5) 組織如何評估影響力？

　　針對我國智庫與教育政策關係的展望，統整上述文獻探討、文獻分

析、焦點團體訪談及參酌相關學者意見（吳定，2003；李建興，2013；郭嘉玲，2003；蔡進雄，2013b；Selee, 2013; Weaver, 1989），本文提出增加教育政策與教育研究或智庫的連結與交流、持續強化國家教育研究院的智庫功能並進行重大教育議題研究、在大學增設各類教育政策研究中心等以下五點建議：

一、增加教育政策與教育研究或智庫的連結與交流

增進教育政策制定者與教育學術研究者間的互動合作關係，某種程度上，教育學術研究者是扮演教育政策制定者的智囊團，所以更有必要加強兩者的夥伴合作關係（蔡進雄，2013b）。再者，經由文獻探討及焦點團體訪談亦發現國內智庫與教育政策的連結是薄弱的，故有必要增加兩者的溝通對話及合作交流。此外，教育決策過程宜進行教育政策諮詢，以及建構開放的教育決策環境，如此一方面讓智庫有專業服務的機會，另一方面藉此亦可提升教育決策品質。

二、持續強化國家教育研究院智庫功能並進行重大教育議題研究

近年來國家教育研究院正式成立運作，依本文對智庫的定義，國教院是屬於官方的智庫，其在於提供教育政策決策者之相關資料、資訊、研究成果、諮詢及建議，因此宜持續強化國家教育研究院的功能。再者，在焦點團體訪談中，諸多學者專家亦建議國家教育研究院宜進行重大教育議題研究及建立教育資料庫，引導政策發展並成為教育政策的支援系統。

整體說來，國內教育政策之執行力高，惟較缺少教育政策執行前之系統性研究，也較缺乏教育政策執行後之評估。因此，以時間階段來看，國家教育研究院之智庫功能與教育政策有三種關係，其一是走在教育政策的前面，也就是說，所進行的研究議題是走在教育政策的前面，以系統性研究建立政策推動基礎並引導教育政策發展；其二是與教育政策同步，此時，國家教育研究院之智庫扮演角色是教育資訊的諮詢及提供；其三是走在教育政策之後，此時，國家教育研究院之智庫角色為進行教育政策的事後評估。

三、在大學增設各類教育政策研究中心

可在國內師範大學、教育大學或有教育相關資源的大專院校設立各類教育政策研究中心，以提供教育政策之資訊，藉此可以擴大教育智庫來源，以增加智庫對教育政策的影響力。申言之，教育政策議題相當多元，故可以在具有教育政策相關資源的大學增設各類教育政策研究中心。再者，可鼓勵成立各類教育政策學會，以發揮教育政策研究及推廣交流的功能（蔡進雄，2013b）。

四、結合更多學者及民間智庫加入教育政策研究

除了國家教育研究院是教育部重要的智庫外，關於教育政策研究可以結合更多學者或民間智庫加入研究行列，或者以國家教育研究院爲基地集結更多民間智庫或學者專家，以形成更大的教育智庫。總之，雖然國內有三所師範大學及多所教育大學，許多大學亦成立教育類研究所，但整體而言，國內教育類的智庫並不多，且眾多的教育研究其實尚未發揮政策引導的功能，如何匯聚學者及民間智庫加入教育政策研究，是有待持續努力的方向。在焦點團體訪談中，學者專家亦指出，各大學、相關研究單位與國家教育研究院有必要匯聚成爲人才庫並進行整合。

五、朝理想的教育智庫發展

任何學術研究必須遵守專業性、價值中立性、客觀性及超然獨立性等先決條件，否則一旦偏頗或自失立場則研究成果必受限制（李建興，2013）。美國知名智庫布魯金斯研究所（Brookings Institution）的核心價值是品質（quality）、獨立（independence）與影響力（impact）（Selee, 2013）。換言之，理想的教育智庫應具有專業性、自主性、中立性及永續性等標準，才能發揮影響力。更進一步來說，專業性爲智庫要有充足的教育專業研究人員進行專業分析及研究，提出有品質的專業報告，以及兼顧專業倫理；自主性是智庫不能更改研究分析結果爲政策背書，且研究方法可依研究需求自主運用；中立性是智庫不能受政府相關機構所控制及影

響，應保持相當的客觀中立性；永續性則是智庫要有足夠經費支持智庫的運作。易言之，將來國內教育智庫的發展宜朝理想的智庫加以發展，並可定期評估其影響力。

捌 結語

　　本文主要在於探析我國智庫與教育政策的關係，透過文獻探討及焦點團體訪談進行探討，文末可從幾個 W 再次進行歸納說明。首先什麼叫智庫？基本上，智庫是進行政策研究的機構，並提供相關資訊及研究成果，以作爲教育政策制定者之參考，故教育智庫是爲教育政策而存在的。其次，爲何要成立智庫？其原因在於民主化程度愈高，教育政策推動愈需要專業研究作基礎，並影響教育政策發展，故教育智庫之成立目的是影響教育政策及推動教育改革，以及成爲政策支援系統。第三是如何發揮智庫功能？智庫的功能及角色主要是作爲政策之研究者、諮詢者及行銷者。最後是我國智庫與教育政策的展望爲何？總括說來，國內智庫與教育政策關係的展望爲增加教育政策與教育研究或智庫的連結與交流、持續強化國家教育研究院的智庫功能並進行重大教育議題研究、在大學增設各類教育政策研究中心、結合更多學者及民間智庫加入教育政策研究、朝理想的教育智庫發展等方向邁進。

參考文獻

王如哲（總編輯）（2013）。**2012 年國家教育研究院年報**。新北市：國家教育研究院。

王麗雲（2006）。智庫對教育政策歷程影響之研究。**當代教育研究**，**14**(3)，91-126。

朱志宏（2002）。公共政策。臺北市：三民。

吳光蔚（2005）。**政治變遷對智庫角色之影響**（未出版之碩士論文）。玄

槧大學，新竹市。

吳宗翰（2010）。**台灣智庫機構之分類及發展現況研究**（未出版之碩士論文）。國立臺灣大學，臺北市。

吳定（2003）。**政策管理**。臺北市：聯經。

吳定編著（2012）。**公共政策辭典**。臺北市：五南。

吳彰仁（1991）。「智庫」與臺灣史研究。**中國論壇**，**31**(11)，61-64。

李文富（2013）。國家教育智庫的角色與功能：以教育部中小學師資、課程、教學與評量協作中心之建構為例。載於**國家教育研究院學術研究成果發表會手冊**（頁 136-170）。主辦單位：國家教育研究院教育制度及政策研究中心。

李建興（2013）。**教育新思維**。臺北市：高等教育。

杜承嶸（1999）。**智庫與公共政策：台灣與美國智庫關於社會福利研究之初探**（未出版之碩士論文）。國立中正大學，嘉義縣。

林奇伯（2002）。啟動旋轉門：智庫競合時代來臨。**台灣光華雜誌**，**April**，20-28。

林建甫（2014 年 2 月 15 日）。委託研究案應採總包價法。**中國時報**，**A12**。

林博文（2014 年 9 月 10 日）。美國智庫變說客。**中國時報**，**A19**。

周祝瑛（2008）。**台灣教育怎麼辦？**。臺北市：心理。

官有垣（1999）。非營利公共政策研究組織（智庫）與社會福利政策研究。**社區發展季刊**，**85**，13-29。

唐大衛（2003）。**智庫對國防政策的參與及影響**（未出版之碩士論文）。南華大學，嘉義縣。

馬博元（2004）。**外交政策評估研究：美國智庫與我國對美外交**（未出版之碩士論文）。國立政治大學，臺北市。

高麗秋（2011）。**我國智庫財務狀況之研究：兼論美日兩國智庫**（未出版之碩士論文）。國立臺灣大學，臺北市。

陳啟迪（1989）。智庫與美國外交政策。**美國月刊**，**3**(11)，32-44。

陳榮政、楊振昇（2012）。美國、英國、新加坡等國家級教育研究智庫之

比較研究。載於**海峽兩岸教育政策論壇會議手冊**。主辦單位：中國教育科學研究院。

郭嘉玲（2003）。**智庫與公共政策：美國智庫發展對我國智庫之啓示**（未出版之碩士論文）。國立政治大學，臺北市。

郭壽旺（2006）。**華府智庫對美國臺海兩岸政策制定之影響：對李登輝總統九五年訪美案例之研究**。臺北市：秀威資訊科技。

曾秉弘（1999）。**美國民間公共政策智庫之研究**（未出版之碩士論文）。國立中興大學，臺中市。

曾復生（2014 年 11 月 5 日）。中美智庫腦力比一比。**中國時報，A14**。

葉堂宇（1997）。**政策支援系統**。臺北市：商鼎文化。

維基百科（2013）。智庫。2013 年 7 月 13 日取自：http://zh.wikipedia.org/wiki/%E6%99%BA%E5%BA93%

彭錦鵬（2012）。**兩岸公共治理智庫之解析**。2013 年 7 月 13 日取自：http://www.tcf.tw/index.php?option=com_content&view=article&id=3970:20120618&...

蔡進雄（2013a）。從雙社群理論探討學術研究與教育政策的關係。**臺灣教育評論月刊，2**(5)，4-5。

蔡進雄（2013b）。政策導向研究與學術導向研究的差異。**國家教育研究院電子報，64**。2013 年 9 月 14 日取自：http://epaper.naer.edu.tw/print.php?edm-no=64&content-no=1720

傅永俊（2010）。**中國智庫角色與功能之研究**（未出版之碩士論文）。國立政治大學，臺北市。

鄭興弟（2003）。**政策規劃：理論與方法**。臺北市：商鼎。

黃介正（2001）。美國政策研究智庫之特質與我應有之認識。**國家政策論壇，1**(10)，110-114。

孫克難（2011）。智庫角色、政策研究與專業培養：中經院與我三十年。**經濟前瞻，July**，31-36。

謝棟樑（譯）（2000）。**政策研究方法論**。A. Majchrzak 原著。臺北市：弘智文化。

魏鏞（2004）。公共政策導論。臺北市：五南。

Abelson, D. E. (1995). From policy research to political advocacy: The changing role of think tanks in American politics. *Canadian Review of American Studies*, *25*(1), 93-126.

Abelson, D. E. (2002). *Do think tanks matter? Assessing the impact of public policy institutes*. Montreal Ithaca, N. Y.: McGill-Queen's University Press.

Bogenschneider, K., & Corbett, T. J. (2010). *Evidence-based policymaking: Insights from policyminded researchers and research-minded policymakers*. New York: Routledge.

Dye, T. R. (2002). *Understanding public policy*. Upper Saddle, N. J.: Prentice-Hall.

Kelley, P. (1988). *Think tanks fall between pure research and lobbying*. Houston Chronicle, March 9.

Selee, A.(2013). *What should think tanks do?: A strategic guide to policy impact*. Standford, CA: Standford Briefs.

Smith, J. A. (1991). *The idea brokers: Think tank and the rise of the new policy elite*. New York: The Free Press.

Stone, D.(2004). Introduction. In D. Stone & A. Denham(Eds.), *Think tank traditions: Policy research and politics of idea*(pp.1-16). Manchester: Manchester University Press.

Weaver, R. K. (1989). The changing world of think tanks. *Political Science and Politics*, *22*(3), 563-578.

本文曾發表於「2015 第五屆教育政策與行政前瞻研討會」，主辦單位：國立暨南國際大學教育政策與行政學系，並曾 2018 年發表於教育行政論壇第 10 卷第 1 期，頁 1-20。

第十章

政策學習的意涵及其
對教育政策制定品質的啟示

壹 前言

　　跨國經驗對於公、私部門的決策者逐漸產生影響（Stone, 2001），且隨著全球化及資訊科技的發展，其他國家的經驗業已成為政府機關政策制定及規劃的重要基礎，因此，政策學習或政策移植的概念在公共政策領域裡漸形重要（曾嘉怡、黃東益，2009），並受各類政策研究的關注及探究（何宗陽，2006；林昭吟、劉宜君，2008；陳序廷、黃東益，2011；龍子煜，2008；Karakhanyan, Veen, & Bergen, 2011; Rose, 1993）。惟以政策學習為主題的教育政策探討，臺灣迄今仍少有學者進行系統分析，值得吾人加以開拓。

　　過去政策施行過程中，有時會有試誤的情況，浪費很多社會成本於政策的修正上。對政策過程而言，政策學習是能夠藉由外國經驗提升本國政策品質的途徑，可減少試誤情況的發生，是另一種政策過程的視野（陳家樹，2005）。再者，世界各國時常面對相似的政治、經濟、文化及社會壓力，同樣遭遇各種雷同的危機，在資訊流通便捷的時代，決策者可認知其他國家所進行的各項政策的知識及觀念，進而相互學習（林水波，2004）。在臺灣，教育政策之推動也會學習先進國家的經驗，例如芬蘭教育就是近年來備受國人引述及談論學習的焦點，日本佐藤學（2013/2013）的學習共同體邇來也影響著臺灣的學校教育。沈姍姍（2000）曾整理受外國影響的臺灣教育政策及措施，包括教育優先區、完全中學、綜合高中、教育基本法等，或多或少都受到英國、法國、美國、日本及德國的影響。事實上，透過對他國實施之教育政策經驗之檢視及學習，可進一步反思當前國家教育政策執行之情況（蕭芳華，2010）。

　　翁興利（1999）探討知識應用的種類、價值、過程、功能及知識應用對於政策決策品質的影響。吳定（1998）則從社會學習論、政治學習論、政府學習論、經驗汲取論及政策取向學習論等，闡明政策學習理論如何應用於政府再造方案的設計與執行。由此可見，知識分享應用及政策學習是公共政策的重要課題。基本上，教育政策遇到某一問題，教育政策制定者最常問的是：「先進國家或鄰近國家是怎麼做的？」早在 1981 年，Etheredge 就提出政府學習（government learning）的觀點，強調政府透過學習的方式可增加其智慧及精湛技術，藉以增進其行動效能的過程（吳定，1998）。政府學習還關心政府從過去經驗學習到什麼？學習的過程是什麼？學習的障礙為何？什麼能增加學習？（Etheredge & Short, 1983）。而教育政策借用的功能主要包括可以解決國內問題、降低政策的不確定性、政治考量、獲得國際組織的補助及提升政策品質等（阮孝齊，2009）。基於上述，本文將探討政策學習的意涵、政策學習的過程，並輔以個別訪談，最後並梳理政策學習對教育政策制定品質的省思及啟示，以供教育行政機構制定政策及研究政策學習理論之參考。

貳　政策學習的意涵

關於政策學習及相關的概念，類似的名稱為政策趨同（policy convergence）、政策擴散（policy diffusion）、政策移植（policy transfer）或經驗汲取（lesson-drawing）。大體而言，政策趨向或政策擴散是政策學習或政策移植的結果（黃東益，2004）。與政策學習相關用語之彙整如表 10-1。

如表 10-1 所示，Bennett 與 Howlett（1992）指出，政策學習是指某些政策決策的制定是建立在過去經驗及以知識為基礎對未來期望所做的判斷等兩者的知識基礎上（柯于璋，2012a；Bennett & Howlett, 1992）。吳定（2012）認為政策學習涉及政策過程的行為個體、團體或機關組織對所涉及各種相關事項的了解、學習與調適狀況，因此，關於政策學習的三個問題即是誰要學習（who learns）？學習什麼（what learns）？以及學習所造成的影響（effects of learning）。

表 10-1　政策學習相關用語之彙整

名詞	定義	研究
Policy convergence 政策趨同	政策在結構、過程與績效的發展愈來愈相似的傾向	Bennett（1991）
Lesson-drawing 經驗汲取	一個國家的方案與政策被其他國家模仿，並且擴展至全球的過程	Rose（1991）
Policy learning 政策學習	某些政策決策的制定是建立在過去經驗及以知識為基礎對未來期望所做的判斷等兩者的知識基礎上	Bennett & Howlett（1992）
Policy transfer 政策移植	某一時地所推動的政策、行政安排與機制的相關知識，為另一時地發展的政策、行政安排及機制所應用的過程	Dolowitz & Marsh（1996）

註：整理自「政策移植與移植政策指標之建立——結合政策過程與知識應用之雙元
演化觀點」，柯于璋，2021a，公共行政學報，**43**，頁 68。

　　林水波（2004）陳述制度移植內涵的三種屬性，有助於我們了解政策
學習的意涵：第一是知識的管理，制度移植是一種知識分享的過程；第
二是跨域的運用，制度移植即是將施行於其他國家的標的，進行跨域的運
用；第三是知情的決策，制度移植是一項制度擴散的作為，移植者在採取
行動之前，必須經過察覺、考酌及應用之過程。何宗陽（2006）表示從字
面上來了解，政策學習的特色在於以「政策」作為主要行為的標的，並強
調透過與其他組織的交流與資訊交換，將他人的行政及政策經驗轉移至組
織內部推行，或作為有利組織計畫運作的基礎，以促進組織政策設計與執
行的成效，具有見賢思齊的深層意涵存在。王喬涵（2007）指出政策學習
是將一個空間或是時間的政策運用到另一個空間以及時間的過程。丘昌泰
（2010）認為政策學習是受到組織學習理論的影響，與組織學習不同之處
是學習對象的差異，組織學習是以標竿組織作為模仿對象，政策學習則以
政策作為模仿對象。

　　綜合上述可知，政策學習是透過對他國或其他組織的學習過程，作為
研擬政策方案或行政措施的參考或依據。換言之，政策學習之對象是他國

或其他組織的政策，經由學習及「取經」的過程，以促進政策發展品質與執行成效。

參　政策學習的過程

Bennett（1991）舉出四種政策學習的過程：仿傚（emulation）、菁英網絡連結（elite networking）、一致化（harmonization）及穿透（penctration）。其中，仿傚是各國進行政策學習最普遍、成效最快速的一種過程，國家之所以會相互模仿，在於決策者面臨相似困境時，模仿有助於做出合理適當的結果；菁英網絡連結則是因菁英們對普遍問題所擁有的專業知識與技術，透過菁英網絡連結，彼此分享知識並分享其決議所得；一致化不僅需要跨國行動者的團體及行動者間的互動機會，還需要透過跨政府組織權威的行動；穿透是國際性政體或組織對於會員國政府產生的外部影響力，進而導致會員國內相關政策取向符合國際性組織預期之結果（陳家樹，2005；黃東益，2004）。

Rose 則提出經驗汲取的觀點，認為在國家發展過程中，各國必然會遭遇相似的困難或政策問題，因此借用他國的經驗來解決本國問題，是以最少成本達到最高效益的模式（黃東益，2004）。Rose 並舉出經驗汲取的方法包括複製（copying）、仿傚、混合（hybridization）、綜合（synthesis）、啟發（inspiration）。其中，複製是採用某一國家已推動的完整方案為藍圖，當兩國文化、政治、社會情境條件類似時，則甲國方案可被乙國完全複製；仿傚是接受某一特定方案以提供自身方案為最佳標準，惟需考量使用時的不同國情及社會文化背景，亦即需將甲國成功方案做稍許修改，成為乙國方案；混合是指結合來自兩個不同國家或地區的方案，作為本身施行政策或制度的範本；綜合是將甲國類似的許多方案予以組合而成為乙國方案；啟發則是吸取他國的經驗並結合本身的創造力，以建構一項符合本身具有創新性的政策方案（陳恆鈞，2000；陳家樹，2005；黃東益，2004；Rose, 1991）。

　　Evans 與 Davis 舉出政策移植網絡（policy transfer network）的概念，並分為以下幾個階段（陳家樹，2005；Evans & Davis, 1999; Mokhtar & Haron, 2007）：(1) 認知階段（recognition）：只要環境內存在著不滿意或必要性的事件，自發性的政策移植就有空間出現；(2) 搜尋階段（search）：如果缺乏可接受的解決方案，就會使得政府採取蒐集政策意見的活動；(3) 接觸階段（contact）：在此階段，移植機關只提供傳播基礎資訊給重要的顧客；(4) 資訊提供網絡的出現（emergence of information feeder network）：如果顧客的好奇心在接觸階段被引起，則將會成為提供更多且深入資訊的資訊支援網絡；(5) 認知和接受階段（cognition & reception）：顧客會評估從資訊提供網絡而來的資訊；(6) 移植網絡的出現（emergence of transfer network）：取決於菁英活動的持續作為和機關的資源；(7) 菁英和認知的流動（elite and cognitive mobilization）：在這階段，機關被期望提供更多解決問題方案的細節，且在移植過程中，政策移植網絡也可被視為守門者的角色；(8) 互動（interaction）：移植機關常因為具有相關政策知識和菁英的意見，因而被期待組成討論會分享知識，交互作用常發生於研討會、實情調查任務和會議的形成；(9) 評估（evaluation）：一旦顧客對於情報蒐集的程度感到滿意，便將開始展開評估的過程；(10) 決策（decision enters policy stream）：政策移植過程不是一個獨立的計畫，政策移植常是在眾多政策替代方案中的一個；(11) 執行（process）：沒有執行層面的政策移植是不完整的，一旦方案被執行，也就完成轉移過程。

　　上述 Evans 與 Davis 所提出的政策移植網絡，說明政策學習模式是如何建立之過程、政策知識如何擴散，以及決策和執行的產出。當環境內存在著不滿意，而不滿意情境夠強烈時，政府機關便會尋求解決之道並蒐集資訊，此時，政府機關常會與其他國家機關接觸而形成資訊提供網絡或移植網絡。移植網絡的出現，取決於政府機關是否認為獲得之資訊或知識具有效用，一旦學習之資訊或知識被應用於決策或政策執行上，移植亦就完成（陳家樹，2005）。

　　政策學習的動態過程有可能是單一模式，但大部分政策學習過程是多元的模式。Rose 指出，引發政策學習的不是好奇心，而是「不滿意」

（dissatisfaction）的情境。「不滿意」的情境是政策制定者有感於現行做法已無法有效處理日漸嚴重的問題，因此衍生出對維持現狀或不採取行動之不滿意呼聲日增的結果（陳家樹，2005；Rose, 1991）。就環境壓力來看，不論是遊行或新聞媒體等內部壓力，或是跨國組織或國際組織等跨國行動者的外部壓力，皆會形成不滿意情境，進而誘發政策學習（陳家樹，2005）。

肆、影響政策學習的因素

　　Caplan 曾於 1977 年陳述決策者為何不應用社會科學知識於政策制定的三種理論（翁興利，1999）：(1) 特定知識理論（knowledge-specific theory）：社會科學研究者對資料蒐集及分析方法是影響決策者是否應用知識的主要原因；(2) 決策者限制理論（policymakers constraint theory）：決策者本身的經驗、直覺及政治考量等因素是影響決策者是否會進行知識應用的重要因素；(3) 雙社群理論（two-communities theory）：研究者與決策者有著不同的生活世界，其所持不同的價值觀、溝通語言及報酬系統等可以解釋知識不被應用的情形。綜合各家之言，影響政策學習的因素包括（丘昌泰，2010；曾嘉怡、黃東益，2009）：(1) 動機因素：政策移植的發生可分為自發性與強制性，前者可能是基於學習的動機或政策制定者本身對於政策缺失的反省而參考其他國家的成功經驗，後者可能導因於外部壓力，如國際間的合作或國際組織的壓力。事實上，有很多政策學習是內在動機與外在壓力共同互動的結果。(2) 資源因素：政策學習的發生必涉及資訊蒐集的過程，資訊不足就進行政策移植，將影響政策學習的成效。此外，政策企業家願意投注資源亦可提升政策被採行的機率。(3) 環境因素：需求為創新之母，在承平時期，領導者通常寧願選擇小幅修正的政策，故政策學習的需求較低；但遇到重大問題時，領導者就被迫去尋找更好的方式來改善現況，故而產生政策學習的需求。

伍 政策移植與政策學習

　　政策學習的探究必須對於政策移植的相關理論有所了解，才有助於政策學習理論之廣度分析。Mokhtar 與 Haron（2007）指出政策移植就是一種學習過程，柯于璋（2012a）主張政策移植過程可視為政策過程與知識應用的結合，新的政策移植活動必須透過政策合法化行動，使其得以推動；另一方面，政策移植活動涉及學習與知識應用的過程與活動，例如知識蒐集、轉換、應用與整合。Dolowitz 與 Marsh（1996）將政策移植定義為某一時地所推動的政策、行政安排與機制的相關知識，為另一時地發展的政策、行政安排及機制所應用的過程。值得提醒的是，移植除了全盤複製外，還有模仿、混合及啟發等不同程度之別，是以在概念上，「移植」一詞並非日常用語中，是指原封不動地將某物移至他處，而有著更多的內涵及面向（陳文彥，2009）。

　　Dolowitz 與 Marsh（1996）所建立的政策移植架構如表 10-2 所示，廣受政策移植理論研究者之引述。從表 10-2 可知，政策移植可從為什麼要移位、誰參與移植、移植的內涵是什麼、從哪裡移植經驗及移植的限制等多方面加以探討，值得政策學習時參考。

　　總括說來，政策學習與政策移植兩者的內涵及概念頗為相近，而Dolowitz 與 Marsh（1996）所提出的政策移植架構，內容相當多元周延，值得教育政策學習參酌，故本研究加以闡明，以豐富政策學習之參照與探究。

陸 政策學習的相關應用研究

　　黃東益（2004）經由個案研究分析發現，政策知識的傳播在府際政策學習的成敗中扮演關鍵的角色，這些知識可能以外顯或內隱的形式存在。如何在未來中央政府知識管理之機制中，透過政策知識載體的流動，以促成府際政策知識之互動交流與政策的成功移植，正是政府再造面對的一個挑戰。陳家樹（2005）以臺北大眾捷運系統為例，指出臺北大眾捷運系

表 10-2　政策移植的整合性架構

為什麼移植（想要移植） 　　↑　自願性 　　　　混合性 　　　　強迫性 　　↓（必須移植）	吸取經驗（完全理性） 1. 吸取經驗（有限理性）； 2. 國際壓力（象徵、共識、認知）； 3. 外部性； 4. 制約性（借貸、和企業活動相關的條件）； 5. 義務直接強迫
誰參與移植	1. 政務官；2. 官僚或文官；3. 壓力團體；4. 政黨； 5. 政策企業家或專家；6. 顧問或智囊團；7. 跨國際組織；8. 超國家性機構
移植的內涵是什麼	1. 政策（目標、內容、工具）；2. 方案；3. 制度； 4. 意識形態；5. 態度或文化價值；6. 負面教訓
從哪裡移植經驗 1. 過去經驗 2. 國家層次 3. 跨國家層次	 1. 內部的；2. 整體的 1. 州政府；2. 市政府；3. 地方政府 1. 國際性組織；2. 國家或地方政府
移植的程度	1. 複製；2. 模仿；3. 混合；4. 啟發
移植的限制	1. 政策複雜度；2. 過去政策；3. 結構或制度；4. 可行性（意識形態、文化相近程度、技術、經濟、官僚作風）；5. 語言；6. 過去關係
如何證明政策移植的資訊來源	1. 大眾媒體（報紙、雜誌、電視、廣播、網際網路）；2. 報導（委託的、非委託的）；3. 會議； 4. 拜訪；5. 報告書（書面和口述）
導致政策失敗的移植	1. 無知的移植；2. 不完全移植；3. 不適當移植

註：整理自「全球治理下政府知識管理的新面向：府際政策學習」，黃東益，
　　2004，**國家政策季刊**，**3**(1)，頁 148。

統之學習過程使用多元化的學習模式，在學習過程中影響學習的變數有政策複雜度、過去政策、政策行為者、政治力及誘因等，在政策學習成效方面，由技術移植政策及營運政策等方面都已具有成效。郭昱瑩（2006）曾以政策學習論述醫院評鑑，探究他國經驗可供汲取之處。江惠櫻（2010）從政策學習的觀點探討臺灣環保標章政策的演進與執行，研究發現標章的學習剛開始是以德國為標竿，之後逐漸轉而向國際各國學習，並發展出臺

灣特有的標章政策。

林彥承（2009）的研究指出，經驗學習能用於發展較為複雜、目標多元的公共政策，透過政策移植理論，針對自行車使用成熟國家之經驗進行學習，可協助臺北市政府規劃更完整的自行車政策。阮孝齊（2009）以教育優先區政策借用為研究主題，研究發現教育優先區的概念並非臺灣所獨創，其始自英國《普勞頓報告書》之建議，且法國及美國亦均有教育優先區的類似做法，臺灣優先區政策在全球化的時代下亦難自外於其影響，因而產生政策借用的現象，該研究最後並提出一評估性的架構，作為政策制定者借用國外教育政策的參考。柯于璋（2012b）利用 Dolowitz 與 Marsh 所建立的政策移植架構，分析我國城市面對全球氣候變遷與溫室氣體減量的政策移植現象與程度，結果顯示高雄市的政策移植最為落實，且有系統地、持續地吸取國際經驗，並將學習的經驗具體反映在該市溫室氣體減量政策與制度設計上。

綜合以上所述可見，政策學習已是各項公共政策所探討的議題，透過政策學習亦有助於政策目標的達成。惟在教育政策領域，臺灣投入這方面的研究篇數及研究人數略顯薄弱，值得吾人進一步探析。

柒 臺灣對國外的教育政策學習：以綜合高中為例

詹棟樑（2005）指出國內綜合高中的成立，主要是學習美國的學制。在美國，綜合高中學生占全國的絕大多數，成為美國中學的主流。美國是高度民主化的國家，堅信教育機會均等理念，故設立綜合中學可使全國青年男女不分階級、種族均能在同一類型的學校就讀。我們回顧綜合高中在臺灣剛開始起步時，學者專家及教育行政人員都很支持及認同成立綜合高中之教育政策（國立教育資料館，1992）。但此一政策移植實施多年後，成效卻相當有限。莊耿惠（2001）的研究發現，18 所辦理綜合高中的學校中有 10 所學校提早在高中一年級先行分化學術或職業學程，有違延緩分化的理念。呂昆娣（2004）的研究也顯示臺灣綜合高中教育基本理念未能落實，例如學校未能落實高一不分流及依意願分類編班、部分學校高一

未進行性向試探及輔導即開始教授專業科目。林國明（2012）的研究結果亦指出，由於教育政策的調整、少子化現象及市場競爭，使得許多由高職轉型綜合高中的學校退場，讓就讀綜合高中的學生人數減少。

　　總結說來，臺灣綜合高中所欲達成的政策目標理想與實踐之間顯然有落差，在美國可以實施的綜合高中移植至臺灣卻未能真正發揮試探分化的適性教育功能，究其原因可能來自於傳統社會價值觀、選擇明星高中的迷思及國內的升學制度等，由此可見，教育政策學習或移植要考慮的面向是相當複雜而多元的。

捌　個別訪談研究設計與實施

一、個別訪談之設計與實施

　　本文除探文獻探討了解教育政策學習的相關意涵及理論外，亦使用個別訪談，以多元蒐集學者專家對教育政策學習的觀點。受訪的學者專家之資料編碼如表 10-3 所示，S-A 表示第一次參與個別訪談的學者，S-B 表示第二次個別訪談之受邀學者，其餘依此類推。

表 10-3　受訪者編號、擔任職務及專長

訪談代號	擔任職務	專長
S-A	科技大學教授（曾任職於教育部）	教育行政及政策
S-B	臺南市政府參事（曾任教育局長）	教育行政及政策
S-C	國家教育研究院主任	教育行政及政策、校長學
S-D	國立臺灣師範大學副教授	教育行政及政策
S-E	國立政治大學教授	教育行政與評鑑

　　研究者在進行個別訪談之前，先向出席之參與者說明政策學習的相關意涵，並請受訪者針對以下四個討論大綱發表個人看法：

　　（一）請問就您個人的觀察與了解，臺灣教育政策在制定過程中，是

自行發展居多，還是學習他國做法居多？

（二）請問就您個人的觀察與了解，臺灣教育政策在制定過程中，過去或現在若有政策學習或政策移植，是採複製、仿傚、混合、綜合，抑或啟發？

（三）請問就您個人的觀察與了解，臺灣在政策學習或政策移植過程中，有沒有成功的例子？其成功的原因爲何？

（四）請問就您個人的觀察與了解，臺灣在政策學習或政策移植過程中，有沒有較無法達成原預期成效的例子？其原因爲何？

二、訪談結果分析與討論

對於受訪者所提供表達的多方意見，整理分析個別訪談之歸納重點如下：

（一）臺灣的教育政策學習偏向仿傚，並受主政者及學者的留學背景影響

由於過去的教育歷史背景，臺灣有許多教育政策是學習先進國家。以下是編號 S-A、編號 S-B、編號 S-D 之參與者發表的意見：

> 臺灣目前都是移植。（編號 S-A）

> 目前我國以仿傚居多。（編號 S-B）

> 因爲我們是島國，所以大部分仍以吸取他國經驗爲主，而啟發在國內就比較少。（編號 S-D）

此外，臺灣教育政策的學習亦受主政者及學者專家留學背景的影響。以下是編號 S-D 及編號 S-F 的看法：

> 我國教育政策以學習他國較多，一開始是借取留學英國、美國歸國

學者的經驗。（編號 S-D）

看主政者背景，有國際經驗或留學經驗的會比較容易參酌國外的做法。（編號 S-F）

（二）教育政策學習宜考量國情及社會文化因素

從前述之文獻探討可知，諸多學者專家都主張政策學習應考量不同國情及文化因素，本研究之受訪者亦表達這樣的觀點。以下是編號 S-A、編號 S-C 學者的意見：

但是就像樹的移植一樣，移植性的制度長不出一樣的文化，因為是深層文化結構性的問題，所以會涉及公平和適性教育的議題。（編號 S-A）

複製最簡單，但是要考慮到國情，如廣設高中、大學及後中的分流定位未釐清。（編號 S-C）

舉入學方式為例，理念是對的，但是相關配套資源跟條件要一併思考。目前仍有明星學校，因為即便改變入學方式，家長對分數的期待一樣高，應該要了解當地的文化及歷史脈絡，慢慢地處理，以時間換取空間，因為成人世界對學生分數的價值觀較難撼動。（編號 S-C）

（三）對弱勢的照顧是臺灣教育政策學習具成效的例子

針對臺灣教育政策學習具有成效的政策方案，與會學者專家認為照顧弱勢是相當有成效的政策學習，例如教育優先區、夜光補助、社區關懷據點等。以下是編號 S-A、編號 S-B、編號 S-C 所陳述的看法：

教育優先區：移植英國與法國優先區加上美國的補償教育，就是臺灣的教育優先區。（編號 S-A）

社區關懷據點、教育優先區都是成功的，概念很好，只要跟人民生活或安全相關的都做得不錯，而且有立即性，馬上可以看出成果。（編號 S-B）

弱勢補助，如教育優先區、夜光補助、營養午餐、原住民、低收入戶。（編號 S-C）

綜合上述，可以了解臺灣教育政策學習偏向仿傚，而其中比較有具體成效的教育政策學習是對弱勢照顧的教育優先區政策。值得一提的是，多位受訪者均表示教育政策學習應考量國情及深層的文化結構。

(玖) 政策學習對教育政策制定品質的省思與啟示

在全球化與資訊通訊科技之脈絡下，各級政府間為解決政策問題或改善績效而進行相互政策學習，已成為一種趨勢，可說是運用標竿學習來提升治理能力之思維模式（陳序廷、黃東益，2011）。職是之故，政策學習已是公共政策之重要課題。楊思偉（1999）懇切指出，在探討他國教育形成政策可能引起「水土不服」，故應注意避免我族中心主義、注意以偏概全問題、謹慎選定比較基準及類推適用必須恰當。Rose 對於移植的限制性因素提出六項假設（Dolowtiz & Marsh, 1996）：(1) 單一目標的方案比具有多重目標的方案更容易移植；(2) 問題愈簡單，愈容易發生移植；(3) 問題與其解決方案之間的關係愈直接，較可能被移植；(4) 政策的副作用（side-effects）愈少，則移植的可能性會愈大；(5) 另一當地所進行的方案之資訊愈多，則愈易移植；(6) 產出結果愈容易被預測，則方案就愈容易移植。陳文彥（2009）也曾陳述教育領域在政策移植研究的展望，包括厚實政策移植實徵研究的積累、結合不同理論觀點進行政策移植的分析、兼

及政策移植回溯性研究與前瞻性評估的發展、重視政策移植脈絡因素的省察及深化政策移植批判分析的進行。融合上述各家學者之言及個別訪談，本文提出政策學習對教育政策制定品質五項省思與啟示，分述如下：

一、重視教育政策學習的文化脈絡因素

東施效顰，縱能學得其形，恐未能獲得其效，教育政策的學習或移植亦是如此（陳文彥，2009）。林水波（2004）亦陳述在制度移植方面，主事者不可為移植而移植，應審慎思辨兩者之間的情境殊異度。經驗轉移不可忽略特定方案的特質及所處的政策環境，是故，轉移他國單一方案經驗來進行政策學習並不完整，吾人在進行政策學習時，應判斷一個方案在移植後的文化因素（陳恆鈞，2000）。而臺灣教育的制度層面西化色彩相當濃厚（楊深坑，1999），故未來關於政策及制度的學習需有更多的自我認識及深入理解各國教育的歷史文化，不宜「照單全收」。

盲目移植是對他國教育行政制度不分優劣地全盤接受或全盤移植，而造成盲目移植的原因主要是喜新厭舊，覺得他國制度有異於本國的部分都是好的，以及自卑情結。此外，未分析他國制度形成背景和察覺本國與他國的背景差異，也會造成盲目移植的現象（謝文全，2004）。Dolowitz 與 Marsh（2000）表示，政策移植失敗造成政策失靈，包括無知的移植（uninformed transfer）、不完全的移植（incomplete transfer）及不適當的移植（inappropriate transfer），究其主要原因在於不充分的資訊、關鍵元素未能轉移，以及未注意經濟、社會、政治及意識形態的脈絡差異等。職是之故、為避免不適當的教育政策移植，吾人應重視正確資訊的掌握及教育政策學習的文化脈絡因素分析，以免產生橘逾淮為枳的情形。

此外，透過本研究的個別訪談，學者專家亦表達教育政策學習應多顧及國情及文化因素，誠如受訪編號 S-C 所言：「複製最簡單，但是要考慮到國情。」

二、進行教育政策學習前後的政策評估

政策的跨國移植實為一調適再評估的歷程（阮孝齊，2009）。透過教

育政策評估，可避免政策借用及政策學習的失敗。詳言之，進行政策學習應實施事前評估及事後評估，理想的事前評估不僅要將引起不滿的方案和欲學習方案的元素包括在內，還要將因果關係界定清楚（陳恆鈞，2000）。Mossberger 與 Wolman（2003）主張政策移植的決定必須檢視六項指標，包括資訊幅度、資訊充足性、問題及目標的相似性、評估方案績效達成度、情境的差異及應用。

　　如表 10-4 所示，Rose 於 1993 年亦曾以政治可欲性及技術可行性作為評估指標，指出在政治可欲性及技術可行性兩者均高的條件下，政策移植是最有可能的選項；當兩者均低時，所學習的政策被採用的機率亦低；其餘兩種情況中，標的政策被移植與否可能受到許多因素所影響（陳文彥，2009）。邱志淳、葉一璋、陳志瑋與鄭敏惠（2010）亦表示，就政策移植來看，檢視政治可行性及行政可行性甚為重要，政治可行性是應考量輿論民意是否接受？既得利益者是否反彈？固有的政治文化是否能接受這些新政策？另一方面，行政可行性則是考量相關部門是否具備接受新事物的專業能力？行政主事者是否認同新政策及做法？願不願意加以貫徹？總之，教育政策的制定常牽一髮動全身，因此任何教育政策學習或移植均宜審慎考量國內社會文化等各方條件，並深入進行教育政策學習前後的政策評估與省思。

表 10-4　轉移方案的可行性

		可欲性	
		高	低
可行性	高	雙重肯定 （doubly desirable）	不需要的技術性解決辦法 （unwanted technical solutions）
	低	危險的誘惑 （siren call）	雙重否定 （dollbly rejected）

註：引自「政策移植研究之評析及其在教育領域的展望」，陳文彥，2009，**教育研究與發展期刊**，**5**(3)，頁 82。

三、善用出國考察及國內教育參訪的學習機會

政策移植與標竿學習兩者頗為相似（Mokhtar & Haron, 2007）。所謂標竿學習，係指一個組織選定與同業中最成功的組織相互比較其產品、服務和方法的歷程，以吸取卓越組織的優點，改進自己的缺點，進而提高其組織績效（吳清山、林天祐，2005）。是故，善用公務人員出國進修或考察機會，可蒐集國外標竿學習對象的相關資料（黃東益，2004），達成標竿學習及政策學習的功效。亦即可以出國參訪外國的教育政策，回國後撰寫報告或經驗分享心得，以深化學習影響政策。此外，從本研究的個別訪談亦發現，臺灣對弱勢照顧的國外政策學習是具有成效的，可見對國外政策學習的價值性。除了跨國學習之外，國內的教育參訪亦是教育政策學習的重要管道，各地方教育局處間的教育政策往往可以經由彼此學習，獲得相關資訊並形成政策，例如早期宜蘭推動學校開放建築，就成為各縣市學校學習參觀的對象。

在前述的個別訪談中，學者專家指出，臺灣教育政策學習受到主政者及學者專家留學經驗的影響，例如編號 S-F 之受訪者陳述：「看主政者背景，有國際經驗或留學經驗的會比較容易參酌國外的做法。」職是之故，可適時安排教育政策制定者至國外考察或鼓勵國人出國留學，以汲取或參酌學習先進國家之教育政策經驗。

四、妥善運用知識管理增進政策學習的成效

政策學習是另一種組織學習，組織學習的過程包括知識取得、知識分享、知識應用及知識儲存等（彭新強、蔡愛玲，2012）。而組織學習過程均與知識管理有著密切的關係。準此，知識管理不僅是對知識進行蒐集、取得、擴散、管理、創造及儲存，亦是進行政策學習不可或缺的一環（陳家樹，2005）。換言之，在政策學習的過程中，有政策知識的累積過程以及將政策知識實際運用到政策的操作過程（王喬涵，2007）。

綜言之，教育政策宜建立在理性分析與專業知識上，而政策學習即是專業知識學習的過程，是以，教育政策制定者若能妥善運用知識管理，針

對所欲學習之教育政策內涵進行蒐集、取得、交流分享、整合應用及儲存等系統性知識管理,將更能增進政策學習的功效。

五、體認政策學習所衍生的教育政策趨同及缺乏創新現象

政策趨向和同形化概念都是探討政策交流之後的「結果」,而政策移植及擴散則是討論政策交流的「過程」(李仲彬,2009)。如圖 10-1 所示,由於外部壓力(如國際競爭、重大教育問題、民意)及內在動機(如自我反省、自我精進、不滿意現況)促使教育政策學習。惟教育政策學習易形成教育政策趨同之相似性現象。

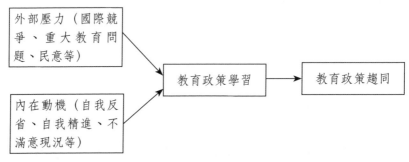

圖 10-1　內外部因素、教育政策學習與教育政策趨同

申言之,從體制理論來看,學校同形化是學校在各方面趨於相似的情況,其主要來源是政策法令、教育評鑑及彼此模仿學習(蔡進雄,2013)。而在教育政策方面,由於全球化及資訊交流愈來愈便利,以及國際間的競爭愈來愈激烈,各國彼此間的學習模仿,使各國之教育政策趨同及相似成為一種趨勢。然教育政策趨同或同形化之侷限,是缺乏本國的創新及特性,因此,我們必須體認政策學習所衍生的教育政策趨同及缺乏特色創新現象。為避免此一情形,吾人在進行教育政策學習時,不可忽略本國的特色,也不可一味地盲目移植,如此才能發揮政策學習的功效,並能同時掌握及發展我國的教育特色。

拾 結語

　　府際或國際間在政策上的學習在今日全球化時代中愈顯重要（龍子煜，2008），而政策學習或政策移植之所以興起的價值，在於其能提供教育決策者在制定過程中所需的資訊與經驗，可使教育政策決策者在缺乏對議題的認知下或無法及時進行政策創新時，制定有效的教育政策，以避免錯誤教育政策的產生（何宗陽，2006；陳家樹，2005）。基於此，本文首先探討政策學習的意涵，之後分析政策學習之相關理論，並輔以個別訪談蒐集資料，最後提出重視教育政策學習的文化脈絡因素、進行教育政策學習前後的政策評估、善用出國考察及國內教育參訪的學習機會、妥善運用知識管理增進政策學習的成效、體認政策學習所衍生的教育政策趨同及缺乏創新現象等省思與建議，以供教育政策學習之理論與實務的參考。總括而言，藉由對他國或其他組織的學習過程，可以降低政策的不確定性、解決教育政策問題及提升教育政策制定品質等，且對於政策學習的了解，有助於避免教育政策學習或政策移植過程所衍生的教育問題。基於不適當的教育政策移植或學習可能會造成更多負面效應，因此，除了積極學習他國運作良好的教育政策外，吾人更應謹慎評估及考量文化脈絡因素，方能裨益於國內教育政策制定品質的提升，進而促進教育政策目標的達成。

參考文獻

王喬涵（2007）。**由政策學習觀點論台灣脫貧政策：以九○年代後期南部縣市脫貧方案為例**（未出版之碩士論文）。中正大學，嘉義縣。

丘昌泰（2010）。**公共政策：基礎篇**。高雄市：巨流。

江惠櫻（2010）。**臺灣環保標章政策演進與執行之探討：政策學習觀點**（未出版之碩士論文）。臺灣大學，臺北市。

何宗陽（2006）。**以「政策學習」理論探討臺北市垃圾費隨袋徵收政策**（未出版之碩士論文）。成功大學，臺南市。

佐藤學（2003）。**學習共同體：構想與實踐**（黃郁倫譯）。臺北市：天下

　　雜誌。

吳定（1998）。自政策學習觀點論政府再造之推動。**考銓季刊**，**16**，49-61。

吳定（2012）。**公共政策辭典**。臺北市：五南。

吳清山、林天祐（2005）。**教育新辭書**。臺北市：高等教育。

呂昆娣（2004）。**我國綜合高中課程規劃與實施現況之研究**（未出版之碩士論文）。政治大學，臺北市。

李仲彬（2009）。**政策趨同？全球「電子化政府」與「電子民主參與」的發展分析**（未出版之博士論文）。政治大學，臺北市。

沈姍姍（2000）。**國際比較教育學**。臺北市：正中書局。

阮孝齊（2009）。**教育優先區政策借用之研究**（未出版之碩士論文）。臺灣師範大學，臺北市。

林水波（2004）。制度移植的策略性評估：以公投法為例。**國家政策季刊**，**3**(1)，49-80。

林昭吟、劉宜君（2008）。長期照顧財務制度之政策預評估：政策學習觀點的初探。**台灣社會福利學刊**，**6**(2)，61-107。

林彥丞（2009）。**日本自行車政策移植之可行性分析：以臺北市為例**（未出版之碩士論文）。淡江大學，新北市。

林國明（2012）。**教育改革如何促成高職轉型？──綜合高中的社會學政策分析**（未出版之碩士論文）。臺灣大學，臺北市。

邱志淳、葉一璋、陳志瑋、鄭敏惠（2010）。政府組織改造與評估：以日本、韓國、中國大陸為例。**研考雙月刊**，**34**(2)，35-49。

柯于璋（2012a）。政策移植與移植政策評估指標之建立：結合政策過程與知識應用之雙元演化觀點。**公共行政學報**，**43**，63-90。

柯于璋（2012b）。我國城市參與全球環境治理之政策移植程度比較與分析。**政策與人力管理**，**3**(2)，43-73。

翁興利（1999）。**公共政策：知識應用與政策制訂**。臺北市：商鼎文化。

國立教育資料館（編）（1992）。**高中教育發展：教育問題座談會專輯**。臺北市：作者。

莊耿惠（2001）。綜合高中實施現況之分析（未出版之碩士論文）。政治大學，臺北市。

郭昱瑩（2006）。以政策學習論醫院評鑑。載於世新五十學術專書：新世紀公共政策理論與實務（頁 177-208）。臺北市：世新大學。

陳文彥（2009）。政策移植研究之評析及其在教育領域的展望。教育研究與發展期刊，5(3)，73-94。

陳序廷、黃東益（2011）。為什麼創新先驅成為後進者？臺北市政府的行車倒數計時顯示器政策學習過程。公共行政學報，40，77-110。

陳恆鈞（2000）。二十一世紀的新課題：政策學習。法政學報，10，91-115。

陳家樹（2005）。政策學習的應用與成效分析：台北大眾捷運系統為例（未出版之碩士論文）。南華大學，嘉義縣。

彭新強、蔡愛玲（2012）。學校進行組織學習的障礙：探索與跨越。臺北市：高等教育。

曾嘉怡、黃東益（2009 年 11 月）。政府為何採用公民會議？政策學習的觀點。2009 年台灣政治學會年會暨學術研討會，玄奘大學，新竹市。

黃東益（2004）。全球治理下政府知識管理的新面向：府際政策學習。國家政策季刊，3(1)，135-153。

楊思偉（1999）。當代比較教育研究的趨勢。臺北市：師大書苑。

楊深坑（1999）。知識形式與比較教育。臺北市：揚智文化。

詹棟樑（2005）。中等教育。臺北市：師大書苑。

蔡進雄（2013）。從學校同形化論特色招生的價值。教育人力與專業發展，30(3)，1-3。

蕭芳華（2010）。加拿大品格教育政策之設計和推動：以安大略省為例。教育資料集刊，46，163-183。

龍子煜（2008）。從政策學習觀點研究日本的管制影響評估（RIA）：以日本環境省為例（未出版之碩士論文）。臺北大學，新北市。

謝文全（2004）。比較教育行政。臺北市：五南。

Bennett, C. (1991). How states utilitz foreign experience. *Journal of Public Policy*,

11(1), 31-54.

Bennett, C., & Howlett, M. (1992). The lessons of learnig: Reconciling theories of policy learning and policy change. *Policy-Science, 25*, 275-294.

Dolowitz, D., & Marsh, D. (1996). Who learns what from whom: A review of the policy transfer literature. *Political Studies, 44*, 343-357.

Dolowitz, D., & Marsh, D. (2000). Learn from abroad: The role of policy transfer in contemporary policy- making. *Governance: An International Journal of Policy and Administration, 13*(1), 5-24.

Etheredge, L. S., & Short, J. (1983). Thinking about government learning. *Journal of Management Studies, 20*(1), 41-58.

Evens, M., & Davies, J. (1999). Understanding policy transfer: A multi-level, multi-disciplinary perspective. *Public Administration, 77*(2), 361-385.

Karakhanyan, S., Veen, V., & Bergen, T. (2011). Educational policy diffusion and transfer: The case of Armenia. *Higher Education Policy, 24*, 53-83.

Mokhtar, K. S., & Haron, M. S. (2007). Lesson drawing: The congruence of policy transfer and benchmarking. *Asia-Pacific Social Science Review, 7*(10), 65-76.

Moseberger, K., & Wolman, H. (2003). Policy transfer as a form of prospective policy evaluation: Challenges and recommendations. *Public Administration Review, 63*(4), 428-440.

Rose, R. (1991). What is lesson-drawing? *Journal of Public Policy, 11*(1), 3-30.

Rose, R. (1993). *Lesson-drawing in public policy: A guide to learning across time and space.* Chatham, NJ: Chatham House.

Stone, D. (2001). *Learning lessons, policy transfer and the international diffusion of policy ideas.* Coventry, UK: Cwntre for the Study of Globalisation and Regionalisation.

本文 2019 年曾發表於教育研究月刊第 302 期，頁 90-110。

第十一章

教育學術研究者與教育政策制定者關注差異之研究：雙社群理論之觀點

壹 前言

一、研究動機

　　知識應用理論是企圖改進科學知識或專業知識，俾將之應用到政策制定系絡（丘昌泰，1999）。由於研究社群與教育實務兩者存在著截然不同的文化，使得教育研究的成果無法為教育政策界及教育實務界所應用（王麗雲，2006）。學術界常發出教育部在制定政策根本不參考相關研究報告、教育部委託學者專家做研究是為政策背書的抱怨，而行政部門也會有研究報告和政策取向不一致無法採用的問題（翁福元，2009）。長期以來亦有理論歸理論、實務歸實務的聲音，即便國內教育學術研究人口不斷增加，還是會有人質疑我們的教育是否有隨之進步。誠如陳恆鈞（2001）所言，政策分析的結果雖然在質和量方面有大幅增加，但政策制定者卻很少將它直接應用於決策過程。質言之，教育學術研究者在影響教育大方向之教育政策扮演哪些積極角色，而每日面對煩瑣事務之教育現場的教育政策決策者及執行推動者，又該如何面對堆積如山的研究報告及相關論文，這些問題都值得吾人加以探究。

　　另一方面，未能尊重專家學者及學術單位研究成果，並轉換成為政策規劃方案，是目前多數行政機構的現象（張芳全，2006）。然而，教育行政主管人員在做重大決定時，若只憑其個人知識及經驗，則容易做出不良或錯誤的決定，結果將對教育造成重大的損失，因為依據教育研究的訊息較易做出正確的決定（葉重新，2001）。政策研究之目的就是希望能將政策知識應用到制定之系絡上，以發揮知識即力量的作用（丘昌泰，1999），故教育政策應該以教育專業知識理論為基礎，缺乏教育專業知識理論的教育政策決定將不易成功實踐。林水波（2011）也指出一個缺乏專業為基礎的政策決定，乃是不重視循證的政治行為。張芳全（2006）也表示政府機關不重視學術研究報告的原因，主要有行政首長的心態、政府機構的保守主義、行政人員態度消極、機構內部人員沒有專業素養吸收學術研究報告內容及研究報告內容過於深奧等。職此之故，就教育研究與教育

決策兩者合理模式分析來看，除教育研究需要增加其實用性外，教育決策者也需強化其專業堅持，以促進教育研究與教育決策兩者間的合理互動關係（謝美慧，2000）。雖然理想層面上，教育研究者與教育決策者要有合理的互動模式，但目前實際情況又是如何，相當值得我們加以探討分析。

公共政策是指政府選擇作為或不作為的任何行動（Dye, 2002），因教育政策影響層面至深且廣，故擁有教育決定權力者若無知識是令人可怕的（Smith, 1991），可見在專業知識對教育政策制定有其重要性。綜言之，在現代化國家中，許多公共事務日趨專門化，因此必須借重學者專家的專業知識與意見（彭懷恩，2008）。且由於民間教育改革對政府教育政策的重視與批評，教育政策制定過程之態度已由「閉門造車」的心態，轉為「廣開天下言路」之態度（翁福元，1999），使得教育學術研究者與教育政策制定者有了更多的互動，亦即知識生產者與知識使用者間應有較為緊密的連結，由此也顯示出本研究探討的必要性與價值性。

二、研究目的

基於上述，本研究的目的有四，臚列如下：
（一）探討教育學術研究者在教育政策的角色。
（二）探析教育政策制定者在教育政策的角色。
（三）分析教育學術研究者與教育政策制定執行者在教育政策關注之差異。
（四）探討教育學術研究者與教育政策制定者兩者間的有效互動。

貳 文獻探討

以下就教育研究者與教育政策制定者的差異、知識應用的模式、雙社群理論之內涵及相關研究，分述如下：

一、教育研究者與教育政策制定者的差異

教育研究對於教育政策的必要性在於以下幾方面：對於理性決策的期

望、改進決策品質、研究成果作為說服的工具與行動的動力、重視教育研究的績效責任、提升教育議題討論的專業性等（王麗雲，2006）。吳明清（2001）也指出教育是一種「專業」，所以，教育決策必須有專業考量。由此可見，教育研究對於教育政策的重要性。然而，由於不平等的地位、看問題的角度不同、對學術的不同看法及研究結果與政策相矛盾等，使得決策者與研究者常處於兩種不同的文化（袁振國，2010）。至於教育研究者與教育政策制定者宜抱持何種態度，J. F. Herbart 認為教育智慧是在實踐中逐漸成長，而又到教育理論指引，形成教育工作者的思想圈，藉以拉近教育理論與實踐之間的距離（楊深坑，1988）。翁興利（1999）認為科學社群與政策社群成員要有正確的觀念，研究者的態度為應維持研究方法與研究目的間之平衡、以假設性的方式來敘述報告結論、將研究結果之解釋意涵留給應用者、強調應用空間之廣泛性、分析結果僅是政策制定過程中的投入因素之一。而決策者的態度為應將研究報告視為提升決策品質的來源，並且以開放的胸襟來閱讀研究報告。陳佳君（1993）建議加強連結機制與諮詢機制，以將專家學者之諮詢意見應用於政策制定體系之中。朱志宏（2002）則希望官僚機關的政策分析人員做到以下幾點：要有面對權貴直言不諱的道德勇氣、要有尊重市場機制與民主政治的精神、要能兼顧公平正義與效率效益的價值，以及要有解決公共問題的真才實學。李允傑（2009）也力陳受人尊敬的政策專家的基本倫理準則是：(1) 慎選顧客，避免替與自己之價值理念相背的顧客服務；(2) 顧客的政策偏好有危及公共利益時，政策專家應直言力諫；(3) 在某些與民眾切身有關的政策議題上，應鼓勵民眾參與並將民意反映在政策過程中。翁福元（2009）則表示教育研究與教育政策的制定都是專業行為，彼此要互相尊重並相信專業是必要且重要的。

　　總結說來，教育學術研究者與教育政策決策者兩者存在著許多差異，兩者的鴻溝亦有待正確的態度加以弭平。在本文文獻探討第三部分將會從雙社群理論進一步探討研究者與決策者的相異之處。

二、知識應用的模式

社會科學家之研究所得，不論多麼有價值和多麼有用，但若不能為一國政府的決策人士及社會各界領袖所採用，則仍然不能發生具體的效果（魏鏞，2002）。故知識應用是公共政策領域之一項研究重點，其研究主要目的是在於了解公部門及私部門的決策過程中，如何應用科學的專業知識來提升行政績效及改善政策品質（趙達瑜，1995）。Lester 與 Stewart 指出政策分析被完全應用在決策上的困難，大致有三種因素：(1) 環境因素：即政策分析所在之政治環境因素；(2) 技術因素：即政策分析所使用之方法論因素；(3) 人的因素：即政策分析使用者之心理因素（陳恆鈞譯，2001），可見影響教育決策及研究應用之因素是多元而非單一因素。

Janowitz 於 1972 年曾提出工程模式（engineering model）及啟發模式（enlightenment model），前者是線性關係，研究結果在於提供決策相關的事實，後者是強調研究所提供的智性和概念貢獻（潘慧玲，1999；Finch, 1986）。

Weiss 於 1979 年提出的社會科學研究使用情形分為七種模式，受到廣泛的引用，此七種模式說明如下（陳恆鈞，2001；潘慧玲，1999；Finch, 1986; Weiss, 1979; Weiss, 1982）：(1) 線性（linear）模式：是純應用研究模式，歷程為基礎研究→應用研究→發展→應用；(2) 問題解決（problem-solving）模式：社會科學家被期待提供實徵證據或研究結論，以解決政策問題；(3) 互動（interactive）模式：從研究到應用不是線性關係，而是政策制定者與研究者間的對話；(4) 政治（political）模式：決策者委託研究常為了支持自己原有的觀點，強調對先前決策予以合理化；(5) 戰術（tactical）模式：使用研究當作是一種拖延行動之戰略，例如遇到民眾對某政策的質疑，則可對外宣稱將進行該政策之研究，以拖延決策時間；(6) 啟發（enlightenment）模式：透過研究提供概念及理論觀點，以滲透於政策制定過程，亦即藉由研究使用之擴散過程啟發政策制定者；(7) 研究為社會中智性事業的一部分（research as part of the intellectual enterprise of the society）模式：社會科學研究視為社會智性追求的一部分，研究者致力於擴展辯證的視野及再形塑問題。

　　Husen（1984）則從研究者與政策制定者間的溝通觀點，將上述七種模式簡要合併爲啟發（enlightenment）或滲透（percolation）模式，以及政治（political）模式兩種。總之，知識應用模式頗多，研究者與政策制定者兩者互動模式可能是單一模式，也可能是多種模式混合，且針對知識應用模式之探討可以作爲本研究主題之重要理論基礎。

三、雙社群理論之內涵與相關研究

（一）雙社群理論的內涵

　　如圖 11-1 所示，雙社群理論（two-communities theory）認爲學術研究者與政策制定者兩個社群是處於迥然不同的兩個世界，且各有不同的價值與態度（翁興利，1999；Caplan, 1979）。也就是說，要決策者直接使用政策研究結果是不可能的，主要原因是研究人員與決策者的世界觀與信仰系統是相互敵對的（陳恆鈞譯，2001）。由此觀之，兩個社群成員所關注的方向重點及價值態度是有相當大的差異。

圖 11-1　學術研究者與政策決定者

　　進一步綜合歸納各家之言（丘昌泰，1999；袁振國，2010；陳佳君，1993），教育研究者與教育決策者兩者差異可闡述如下：就對知識生產過程的關切面來看，政策制定者對知識生產過程並不關心，而是關注知識對問題解決的助益情形，而教育研究者是希望藉由研究能達到啟蒙的目的及對知識領域的貢獻，並且強調知識生產過程的信效度。就獎賞系統而言，教育政策決策者處於官僚體系有其升遷制度，而教育研究者重視論文發表及知識生產所帶來的升等及學術聲望之提升。就研究時間而言，教育政策決策者希望短時間內能獲得研究成果，以利教育政策決策之參考，而教育

學術研究者則希望有更長的時間來進行研究，以提升研究成果品質，而不是急就章。從以上的論述可見，由於教育研究者與教育政策決策者的認知、價值及生活世界之差異，所以要連結兩者有其困難之處。

再者，從雙社群理論及翁興利（1999）的觀點來看，教育學術研究者宜扮演以下的角色：(1) 分析者：透過知識生產分析教育政策趨勢；(2) 協助者：提供研究報告供教育行政人員政策決策之參考；(3) 啟發者：具價值的研究報告可啟發教育決策者新思維。除了宜扮演分析者、協助者及啟發者外，學術研究者亦宜避免以下兩個角色：(1) 避免成為預測者：太堅持己見，不易與決策者互動；(2) 避免成為決策者：提供正反不同意見之研究報告，將決定權留給教育決策者。至於教育決策者及執行者亦宜有以下的態度：(1) 不全盤接受也不全盤否定研究報告；(2) 試圖從研究報告獲得不同思維角度及啟發。魏鏞（2002）亦曾愷切表示社會科學知識能否產生具體效果以解決社會上各種問題，其關鍵在於社會科學家與社會決策人士能否建立相互合作的良好關係。為了建立良好關係，在社會科學家方面必須：(1) 不斷改進其研究方法，增加研究結果的可靠性；(2) 盡可能使其研究結果與社會需要發生關聯，並使研究成果能運用到實際之問題解決；(3) 嚴格保持社會科學學者的中立性。在決策者方面必須：(1) 認識社會問題的複雜性及社會科學的可靠性；(2) 放棄用普通常識來分析社會現象，尊重社會科學的專業知識；(3) 保障學術研究的獨立性，並維護學者追求知識的自由權利；(4) 給予社會科學研究大量的經濟支援。此外，誠如謝美慧（2000）所言，在教育研究與教育決策的互動歷史觀之，教育研究與教育決策互動關係是從指導、不信任，到重新定位與合作。翁福元（1999）也力陳要維持教育研究與教育政策的對等關係，千萬不可是教育研究成為教育政策的工具，或為教育政策的背書。

總結說來，從雙社群理論來看，教育研究者與教育政策決策者是生活於不同的價值世界，因研究報告可供決策參考並會影響教育決策的品質，故顯現學術研究者的價值。但教育學術研究者亦應體認教育決策之制定絕非以教育專業知識為單一的決策因素，還涉及政治、社會、經濟及民意等多方面的考量。誠如劉世閔（2005）所言，政策的形成不見得必然是理性

思維的產物，有時是衝突間妥協的結果，有時是占有位置之菁英所作的決定。另一方面，教育政策制定執行者亦不宜只聽取選擇「好消息」，宜尊重教育專業研究結果，並採開放心胸從學術研究報告尋覓新思維與新線索，以提升教育政策決策之品質。

（二）雙社群理論的相關研究

陳佳君（1993）以訪談及問卷調查得到下列幾項發現：(1) 行政機關與專家學者有很明顯的分立情形，行政首長是否具有諮詢觀念是影響諮詢意見在政策制定體制應用的重要因素；(2) 行政機關在諮詢政策意見時，仍是以機關幕僚之意見為主；(3) 專家學者諮詢意見在政策制定體系的應用上多為「工具性應用」；(4) 政策諮詢制度之運作對於專家學者諮詢意見無法落實於政策制定過程中有重大的關聯。何美慧（2002）研究發現教育部對其委託研究案的應用並不低，研究案最大的功能是協助行政人員蒐集與彙整資料，並為行政人員進行決策提供更穩固的基礎，但研究中也指出教育部的委託研究與決策之間仍然有所落差。單承剛和何明泉（2004）從政策知識引用的角色探討設計政策制定所面臨的問題，研究結果發現：(1) 基礎研究與任職者引用知識之間，存在著不能配合的現象；(2) 任職者知識引用的決策型態僅以訊息傳遞為最多；(3) 任職者個人的知識偏好，影響設計政策制定於不完全知識下進行決策；(4) 設計政策屬於結構不良的政策問題，影響著政策知識環境系絡的發展。

從上述研究可以發現政策決定者與學術研究者確實有分立之情形，但教育學術研究者與教育政策制定者兩者關注是否有明顯的差異，值得進一步探析。

四、小結

如前所述，教育學術研究者與教育政策制定者兩者所關注之處有諸多差異，因此如何建立兩者之連結機制並法制化，是未來可以努力的方向。例如教育部為了強化與國家教育研究院雙向之互動溝通機制，有效整合研究資源並推展研究成果，已訂定「教育部與國家教育研究院年度研究計畫

與研究資源協調整合運作及管理作業要點修正規定」（教育部，2012），據此定期開會互動協調。此外，教育部亦常委託相關教育政策專案給大專院校之學者專家進行研究，並參考研究結果訂定教育政策。本研究的目的即在於探究教育學術研究者與教育政策制定者的角色任務及如何建立有效的連結與互動，以改進教育政策決策之品質及成效。

參　研究設計與實施

本研究目的在於從雙社群理論探索教育學術研究者與教育政策制定者之關注差異，本研究之研究方法、研究對象、實施程序與資料處理說明如下。

在研究方法、研究對象及實施程序方面，從文獻回顧可知，針對教育學術研究者與教育政策制定者關注差異此一議題，國內過去研究並不多，因此，本研究採取四次焦點團體訪談（focus group interview）進行資料蒐集。參與者之資料編碼如表 11-1 所示，1-A 是指代表參與第一次焦點團體訪談之 1-A 學者，2-A 是指代表參與第二次焦點團體訪談之 2-A 學者，依此類推。

在進行焦點團體訪談之前，筆者先向參與者簡要說明本研究目的與內容，並請與會者針對以下四題訪談大綱發表意見：

一、教育學術研究者在教育政策的角色與任務為何？

二、教育政策制定者在教育政策的角色與任務為何？

三、教育學術研究者與教育政策制定者在教育政策關注之差異為何？

四、教育學術研究者與教育政策制定者兩者如何進行有效的互動？

表 11-1　參與者編號、擔任職務及專長

訪談代號	擔任職務	專長
1-A	科技大學教授（曾任職於教育部）	教育行政及政策
1-B	教育部所屬館長	教育行政及政策
1-C	國立臺灣師範大學教授	教育行政及政策

訪談代號	擔任職務	專長
1-D	國立新竹教育大學教授	教育行政及政策
1-E	國立臺東大學副教授	師資培育政策、課程與教學
1-F	國立臺北教育大學兼任助理教授	教育人力發展、教育行政
2-A	國立臺北教育大學教授	教育行政及政策
2-B	國立屏東教育大學教授	教育行政及政策
2-C	臺南市政府參事（曾任教育局長）	地方教育行政及政策
2-D	國立臺灣師範大學教授	教育行政及政策
3-A	國立臺北教育大學教授（曾任職教育部）	教育行政與政策
3-B	國立臺北教育大學教授	教育政策、教育政策規劃
3-C	國立臺灣師範大學教授	教育行政與政策
3-D	國立臺灣師範大學副教授	教育政策研究
4-A	國立臺中教育大學副教授	教育行政與政策
4-B	臺北市立大學副教授	教育行政與政策
4-C	國立海洋大學教授	教育理論與教學媒體科技

　　質言之，本研究以質性之焦點團體訪談方法進行資料蒐集，焦點團體訪談之方式及過程為邀請教育政策相關學者專家及曾服務於政府部門之教育行政人員參加，藉由訪談資料爬梳萃取教育學術研究者與教育政策制定者之關注差異。至於本研究的資料處理部分，為確保本研究之信度與效度，焦點團體訪談之前均會向受訪者解釋說明本研究主題之重要內涵，訪談後研究者檢視逐字稿之相關內容，接著研究者對於訪談內容再加以歸納整理、萃取要點、形成本研究結果之核心主題，研究者在歸納撰寫過程亦隨時自我檢視及反省是否有所偏失。除此之外，為避免衍生學術研究倫理之問題及困擾，在訪問前均告知焦點團體參與者談受訪者：「本研究所訪談的內容純供學術研究之用，受訪者的姓名以匿名方式處理。」

　　總的說來，本研究採用焦點團體訪談法以了解教育研究者與教育政策制定者之角色任務差異情形，以及較佳的互動模式，在梳理分析兩者差異

情形及互動模式後提出結論與建議，以供教育學術研究者、教育政策決策者及教育相關單位之參考。

肆 研究結果分析與討論

　　參與者對於所提供的問題能表達多方意見，分析歸納四次焦點團體訪談之要點如下：

一、教育學術研究者在教育政策常扮演啟發者、諮詢者及知識生產者的角色與任務

　　由於教育學術研究者在教育政策的角色與任務重疊性很高，故角色與任務可一併討論。教育學術研究者在教育政策的角色是常扮演啟發者、諮詢者及知識生產者的角色。以下是編號 1-B、編號 1-F 等受訪者的觀點：

> 真實的探究者、政策的諮詢者及政策的影響者。（編號 1-B）

> 學術研究者關注在對問題提出一些解釋，從中找出歷史的發展軌跡，進而形成理論提出建議、蒐集各國研究資料，以提供教育部政策執行時作為參考及建議。（編號 1-F）

> 1. 研究教育政策的相關議題；2. 創新研究發現；3. 從研究發現及創新中提供政策初步建議；4. 提供教育政策規劃、執行及評估的諮詢。（編號 3-B）

　　除了擔任教育政策的啟發者及諮詢者，也有受訪者表示從事教育學術研究者是從事知識生產者。編號 1-C 及編號 3-C 受訪者認為：

> 提供教育部強而有力的專業論述基礎。（編號 1-C）

從事教育學術研究者與其他的研究者皆有相似的責任，也就是從事
知識的生產。對想要研究現象或問題，在大學的學術領域非常客觀
以創造知識。尤其是一個個別大學學術研究者，如果能很認真的把
所從事的教育研究的議題本於求真，應該可以創造有用的知識。
（編號 3-C）

這裡所談到的角色，如果從角色的定義來看，就是善盡其責任。如
果是持續且累增知識，如果較關心教育政策（因為在教育學術的範
疇所能關注的主題很多），也有可能和教育政策較有關係的。就
一位教育學術者而言，第一個任務就是和任何從事學術研究本於客
觀、追求真理、創造知識。這也是學術研究者最主要的角色。（編
號 3-C）

雙社群理論主張學術研究者與政策制定執行者兩個社群是處於迥然
不同的兩個世界，並各自有不同的價值觀與態度（翁興利，1999；Caplan,
1979）。且如同前述文獻探討歸納指出學術研究者扮演啟發者、協助者及
分析者之角色，從焦點團體訪談之學者專家意見亦顯示教育學術研究者在
教育政策上常是扮演啟發者、諮詢者及知識生產者，文獻探討及焦點團體
訪談兩者所發現是頗為相符的。

二、教育政策制定者在教育政策扮演規劃者、決定者、實踐者及問題解決者的角色與任務

有別於教育學術研究者，教育政策制定者在教育政策常扮演教育政策
規劃者、決定者、實踐者及問題解決者的角色與任務。以下是編號 1-B 、
編號 1-D、編號 2-A 等受訪者的看法：

將研究結論轉化為教育制定重要基礎，並付諸施行。（編號 1-A）

決策前意見聽取綜合各類資訊（短、中、長效應）決定政策。（編

號 1-B）

> 教育政策制定者，他位居於金字塔最頂端，理論上，他要訂定一個
> 合理的、合目標的、解決當前重大教育問題政策決定。（編號 1-D）

> 教育政策制定者在教育政策的角色為規劃者、推動者、決定者、政
> 治者、倡導者，任務是問題改善。（編號 2-A）

> 教育理念的實踐者。（編號 2-B）

> 教育政策制定者是教育政策理論實踐者、決定者的角色及觀點整合
> 者。（編號 2-D）

> 教育政策制定者在教育政策的角色與任務是執行現有政策、調整政
> 策內涵、規劃創新政策、宣導政策理念。（編號 3-A）

　　依據雙社群理論的觀點（丘昌泰，1999；袁振國，2010；陳佳君，1993），教育政策制定者與教育學術研究者生活於不同價值體系，不同之處在於教育政策者是政策決定者及實踐者，而學術研究者並不是政策決定者，也非實踐者，其關切的是論文及研究報告的信效度和品質。此外，政策制定者常常面臨諸多實務問題需要即時解決，因此，教育政策制定者也常是透過整合的問題解決改善者。

三、教育學術研究者與教育政策制定者兩者有諸多關注上的差異，前者重理想面、研究品質及追求真理等，後者重視法令、經費、輿情民意、政治及問題解決等

　　基於雙社群理論，學術研究者與政策制定者是處於不同的職場環境，本文文獻探討亦指出從知識觀點來看，前者是知識生產者，而後者是知識使用者，兩者關切面向會有所差異。受訪者對於兩者差異紛紛提出看法，

歸納主要是研究者關注理想、研究品質及追求眞理，而政策制定者是關注法令經費和民意輿情，以及問題的解決。以下是受訪者編號 1-B、編號 2-A 及編號 4-B 等所提出的看法：

1. 績效責任對象不同：教育學術研究者關注在學術社群同儕及規準、學術良知；教育政策制定者關注在上級機關、民意機構、媒體、政策影響社群。2. 民意變動的敏感度：教育學術研究者弱、教育政策制定者強。3. 時間感度：教育學術研究者長、教育政策制定者短。4. 資源分配和決策優先順暢考慮：教育學術研究者無、教育政策制定者有。（編號 1-B）

教育學術研究者：1. 著重於關注政策完整性（著重於研究報告內容及邏輯）；2. 著重效益性，從研究報告中，對於問題解決是否能夠達到預期的效果；3. 著重精確性，尤其是數據的引用，需與事實結合在一起，資料的出處皆需要註明得很清楚；4. 著重邏輯性，尤其在文獻資料探討時，了解彼此間的邏輯關係，針對該部分加以著重分析；5. 著重理想性；6. 著重學術性；7. 資料蒐集；8. 追求真理；9. 著重統計數據；10. 著重報告發表；11. 著重歸納法；12. 著重過去文件；13. 著重實質正義；14. 關注研究內涵；15. 關注學理。（編號 2-A）

教育政策制定執行者：1. 著重政策方向或關鍵議題彼此間的統合性（強調政策執行後所產生的影響、執行的要點，彼此間是否可以統整及執行後的反應）；2. 著重可能性，會針對人員及經費部分思考，有些部分可以先進行，有些部分可以較慢執行，有些影響到利益關係等因素；3. 關注政策執行後，支持性如何；4. 著重利害關係；5. 強調現實；6. 著重應用性；7. 問題原因；8. 追求實際；9. 著重政策方向；10. 著重問題解決；11. 著重演繹法；12. 著重未來影響；13. 著重行政程序；14. 關注輿情反應；15. 關注實務（人員、經費）。（編號 2-A）

決定者需考慮權力、經費、資源適當分配。（編號 4-B）

　　編號 2-A 的受訪者在學術研者及教育政策制定者的關注差異可說是給予相當周延的比較。此外，編號 3-C 及編號 3-D 受訪者也從關注者、時間及專業等提出看法，引述如下：

　　1. 關注點不同，教育學術研究者：求真，追求客觀了解；教育政策制定者：能否適時解決眼前問題；2. 時間軸，教育學術研究者：時間長以客觀了解；教育政策制定者：容許時間較短；3. 提供資訊時間差異，教育學術研究者：提供資訊需要較長時間；教育政策制定者：提供制定政策資訊馬上即時準備完成；4. 對於知識產生，教育學術研究者：獨立自主進行研究；教育政策制定者：欠缺嚴謹客觀知識；5. 知識形成，教育學術研究者：暫時性、不確定性、多元可能性；教育政策制定者：確定性、穩定性。（編號 3-C）

　　時間壓力不同，專業不同，教育制定者關注實務面、政治面、對經費了解、對民意動向了解、對社會了解、對利害關係需求了解，但對於研究品質、研究問題、新知等是不了解的。學術研究者其專業就是把研究知識儘量做到正確、關心真實性。（編號 3-D）

　　總的說來，由於扮演角色的不同，教育學術研究者與教育政策制定者所關注的面向確實有所差異，前者重理想面、研究品質及追求真理等，後者重視法令、經費、輿情民意、政治及問題解決等。

四、教育學術研究者與教育政策制定者可增加交流對話、建立互動平台機制及信賴合作關係，委託計畫宜找對專業研究團隊

　　從文獻探討中可得知，研究成果是否能為教育政策制定者所應用，並不是完全是線性關係，學術研究與政策制定兩者有啟蒙模式及政治模式等不同關係（Husen, 1984）。再者，影響教育政策的因素也是相當多元而非

單一因素。對於如何增進教育學術研究者與教育政策制定者兩者的有效互動，受訪者編號 1-A、編號 2-B、編號 2-D、編號 3-C 及編號 3-D 均表示要增加兩者的對話討論與信賴關係，以及建立平台：

> 教育政策方向和重點的選擇與了解宜諮詢專業學術者的意見和實務執行者及受影響者的看法，學術研究進行中宜讓行政人員參與討論，以「焦點團體」廣納專家和學者一起作研究成果的檢核，以此機制平台，確保研究結果可轉化為政策。（編號 1-A）

> 教育學術研究者、教育政策制定者兩者互動，主要是透過定期溝通、對話及有效論辯。透過不同的方案，共同討論，集思廣益，從中提出更好的方案，找出共同一致性的結論建議。（編號 1-F）

> 對話交流：透過彼此對話交流互為了解教育學術研究的取向與教育現場實務的需求。（編號 2-B）

> 互動需有對話過程。（編號 2-D）

> 透過平台影響形成好的政策。（編號 3-C）

> 信賴關係很重要，目的也是很重要，在某種程度上是可以有互動關係的，兩者間相互合作，兩者間的水平相互接近、相互溝通及交流。（編號 3-D）

> 如何建立長久智庫或機制平台就顯得很重要，例如國教院與教育部、各地方縣市政府教育局處可以和地方學術單位，例如行政單位和學術單位定期教育上議題分享。（編號 4-A）

除了加強對話及建立平台外，委託專案宜找對專業研究團隊。以下是

編號 1-C、編號 1-D 及編號 1-E 的觀點：

> 最關鍵的一點，委託計畫（專案），需要找對研究單位（團隊）。
> （編號 1-C）

> 最重要委託計畫（專案）要找到專業研究團隊，唯有團隊才能符合
> 整合性且系統性、長期性研究，由於能長期關注議題，對於議題敏
> 感度較高。（編號 1-D）

> 教育決策支援系統、找對的研究團體執行計畫，此兩者是否可能形
> 成固定機制模式？（編號 1-E）

　　總之，教育學術研究者與教育政策制定者可增加交流對話、建立互動平台機制及信賴合作關係，委託計畫宜找對專業研究團隊。且誠如翁福元（1999）所言，要維持教育研究與教育政策的對等關係，千萬不可讓教育研究成為教育政策的工具或為教育政策背書。翁興利（1999）也認為研究者應將研究結果之解釋意涵留給應用者，而決策者的態度應將研究報告視為提升決策品質的來源，並且以開放的胸襟來閱讀研究報告。

五、教育學術研究者與教育政策制定者均應具教育專業知能、核心素養及關注教育政策的合理性

　　如前項所述，教育學術研究者與教育政策制定者兩者有諸多關注點的差異，但教育學術研究者與教育政策制定者兩者也有共同點，亦即均應具備教育專業知能及核心素養，教育學術研究者原本就應具教育專業及核心素養才能提出具品質的教育研究成果，而教育政策制定者若有教育專業知能及核心素養則在進行教育決策判斷時才會更為明智。以下是受訪者編號2-B、編號 2-D 及編號 4-A 所提出的看法：

> 1. 兩者皆需兼具教育理念與哲思基礎；2. 兩者皆關注教育政策的正

確性方向、可行性與發展性。（編號 2-B）

兩者相同點：所制定政策需有合理性且達成政策目標。（編號 2-D）

核心素養應是學術研究者及政策制定者共同關注具備的。核心素養可以包括應備的知識與能力，或兩者應具備條件之公民素養，如正義、理想性、公共利益。（編號 4-A）

（伍）結語與建議

一、結語

本研究的目的在於探討教育學術研究者與教育政策制定者兩者的關注差異及互動關係，經由文獻探討及焦點團體訪談，獲得以下幾項主要結論：

第一，雙社群理論能解釋教育學術研究者與教育政策制定者的關係與差異，雙社群理論認為研究者與政策制定者有迥然不同的價值觀及生活世界，透過焦點團體訪談亦發現兩者確實有相當的差異性。

第二，教育學術研究者在教育政策的角色主要是啟發者、諮詢者及知識生產者，亦即透過論文發表、專案研究及理念傳播等發揮在教育政策的影響力；而教育政策制定者在教育政策主要是扮演規劃者、決定者、實踐者及問題解決者的角色與任務。

第三，教育學術研究者與教育政策制定者在教育政策關注的差異方面，教育學術研究者強調追求真理、注重研究品質及理想面向等；而教育政策制定者關心輿情民意、問題解決、經費法令及現況面向等，但兩者均應具教育專業知能、基本核心素養及關注制定合理的教育政策。

第四，為形成更合理的教育政策，且使教育政策有專業及證據為基礎，教育研究者與教育政策制定者應該增進彼此的對話討論，建立信任關係及合作互動平台機制，使知識生產者及知識使用者彼此能充分發揮應有

的角色任務。

二、建議

（一）對於教育學術研究者與教育政策制定者的建議

經由文獻探討及焦點團體訪談結果，對於教育學術研究者及教育政策制定者提出以下建議：

第一，教育行政社群與教育學術研究社群兩者應增進彼此的互動關係、合作關係及信任關係。就互動關係而言，教育行政機關宜善用學術界的新知識及新思維，轉化成為教育政策推動的重要力量，故彼此有必要建立良性的互動連結關係，對於重要教育政策多進行討論對話諮詢及彼此理解。就合作關係來說，教育行政機關與教育研究社群宜建立合作夥伴關係，共同為教育政策之規劃及實踐而努力，故教育行政機關可建立人才庫或合作平台機制。就信任關係觀之，對於教育研究者所提出之研究報告，能採取尊重之態度，教育政策制定宜減少非教育專業之影響，儘量讓教育回歸教育，如此信任關係會逐漸形成及強化。

第二，不論是教育研究者或是教育政策制定者均應體認影響教育政策的規劃與執行是多元因素而非單一因素，包括政治、社會、文化、民意、法令及經費等因素，政策研究只是影響教育政策因素之一。再者，教育研究者亦宜明白政策研究的性質及限制，例如政策研究具有時效性、應用性及合理性等特徵，與一般學術研究有所差異。

第三，教育學術研究者及教育政策制定者均應具備基本核心素養，且不斷增進教育專業知能。教育研究者原本就應該要在教育專業領域與時俱進，而教育政策制定者具備了教育專業知能，則在某些教育政策方案就能做出明智合理的教育決策，不必需要進行委託研究才制定政策或決定政策方向。

（二）對教育政策規劃的建議

基於研究結論，本研究對於教育政策規劃的建議提出以下具體建議：

　　第一，教育行政機關之委託專案宜慎選研究團隊，在焦點團體訪談中有參與者指出選對好的研究團隊甚爲重要，因爲具專業水準的研究團隊能發展出有品質的政策研究成果。至於選擇研究團隊之標準建議有三，其一是研究團隊是否有能力在期限內完成專案報告或研究，因爲政策研究常有時效性；其二是研究團隊是否具有執行該委託專案之專業人力及能力；其三是委託單位是否能提供必要的經費與相關資源。

　　第二，國家教育研究院是教育部的重要教育智庫，教育部與國家教育研究院已定期辦理協商會議（教育部，2012），未來宜持續強化互動對話，使國家教育研究院更了解教育部之教育政策需求及走向並多進行前瞻性的研究，以發揮國家教育研究院的智庫功能。

　　第三，對於未來研究之建議方面，雙社群理論是值得探究的議題，從本研究中還可以引申出許多後續的研究面向，例如雙社群理論中有提到學術研究者與教育政策制定者雙方應扮演和不應扮演的角色，因此若是能研究國內現況實際中到底是扮演「應該」的角色居多，還是「不應該」的角色居多，以及討論在國內教育脈絡中，爲何會導致雙方扮演「不應該」扮演的角色，這些問題都值得未來持續深入探究。

$$\left[\ 參考文獻\ \right]$$

王麗雲（2006）。**教育研究應用：教育研究、政策與實務的銜接**。臺北市：心理。

丘昌泰（1999）。**公共政策：當代政策科學理論之研究**。臺北市：巨流。

朱志宏（2002）。**公共政策**。臺北市：三民。

李允傑（2009）。政策專家的倫理。載於李允傑和丘昌泰合著，**政策執行與評估**（頁 397-411）。臺北市：元照。

吳明清（2001）。**教育向前跑：開放社會的教育改革**。臺北市：師大書苑。

何美慧（2002）。**教育部委託研究應用之研究**。國立中正大學教育研究所碩士論文，未出版，嘉義縣。

林水波（2011）。**公共政策：本土議題與概念分析**。臺北市：五南。

彭懷恩（2008）。**政治學導論**。臺北市：風雲論壇。

翁福元（1999）。教育研究與教育政策的對話：一個概念性的討論。載於中華民國比較教育學會主編，**教育研究與政策之國際比較**（頁1-22）。臺北市：揚智。

翁福元（2009）。**教育政策社會學：教育政策與當代社會思潮之對話**。臺北市：五南。

翁興利（1999）。**公共政策：知識應用與政策制訂**。臺北市：商鼎文化。

袁振國主編（2010）。**教育政策學**。臺北市：高等教育。

單承剛、何明泉（2004）。設計政策制定中知識引用之研究。**設計學報，9**(4)，7-91。

張芳全（2006）。**教育政策規劃**。臺北市：心理。

葉重新（2001）。**教育研究法**。臺北市：心理。

教育部（2012）。**教育部與國家教育研究院年度研究計畫與研究資源協調整合運作及管理作業要點修正規定**。

陳佳君（1993）。**政策諮詢在政策制定體系中的應用：雙元社群理論之實證研究**。國立中興大學公共政策研究所碩士論文，未出版，臺中市。

陳恆鈞（2001）。政策制定者應用政策知識之困境分析。**臺灣政治學刊，5**，132-177。

陳恆鈞譯（2001）。**公共政策**。J. P. Lester & J. Stewart Jr. 原著。臺北市：學富文化。

楊深坑（1988）。**理論‧詮釋與實踐：教育學方法論論文集（甲輯）**。臺北市：師大書苑。

劉世閔（2005）。**社會變遷與教育政策**。臺北市：心理。

趙達瑜（1995）。知識應用研究領域析介。**空大行政學報，3**，191-226。

潘慧玲（1999）。教育研究在教育決策中的定位與展望。**理論與政策，12**(2)，1-15。

謝美慧（2000）。教育研究與教育決策之關係。**教育政策論壇，3**(1)，137-155。

魏鏞（2002）。社會科學的性質及發展趨勢。臺北市：臺灣商務。

Dye, T. R. (2002). *Understanding public policy*. Upper Saddle, N. J.: Prentice-Hall.

Finch, J. (1986). *Research and policy: The uses of qualitative methods in social and educational research*. London: The Falmer Press.

Husen, T. (1984). Issues and their background. In T. Husen & M. Kogan(Eds)., *Educational research & policy: How do they relate?*(pp.1-36). New York: Pergamon Press.

Smith, J. A. (1991). *The idea brokers: Think tank and the rise of the new policy elite*. New York: The Free Press.

Weiss, C. (1979). The many meanings of research utilization. *Public Administration Review, 39*, 426-431.

Weiss, C. (1982). *Policy research in the context policy-making: A reappraisal*. Oxford: NFER-Nelson.

本文 2017 年曾發表於嘉大教育研究學刊第 39 期，頁 59-82。

展望篇

第十二章

新世紀教育政策研究的
重要發展面向

壹 前言

　　所謂教育政策是政府為了解決教育問題或滿足民眾對教育的需求，所採取的各項作為（蔡進雄，2005）。教育政策的制定影響層面甚大，透過教育政策的執行，更是影響眾多的教育工作者及莘莘學子，甚至關係著國家的發展與競爭力。因此，教育政策的研究更顯其重要性及價值性。

　　吳定（2003）認為政策管理未來研究的重要面向包括智庫角色日漸彰顯、利益團體活動積極、公民參與成為常態、政策行銷不可或缺及公民投票勢在必行。Starratt（1988）指出政策過程的傳統典範是州或聯邦制定政策，再由不同層級的行政人員執行政策，但政策制定應該加入各級行政人員的觀點。張鈿富（1995）亦曾從教育政策制定的原則、教育政策執行的策略及教育政策分析常設單位的建立等三方面提出建言。顏國樑（1996）表示在教育政策運作上宜善用傳播行銷理念、採取漸進的教育政策執行模式、建立權變執行策略的觀念、推展以學校為中心的執行模式、把握政策執行運作的過程、提升基層執行人員的能力和意願，以及教育政策執行應以教育本質為依歸。吳明清（2001）陳述教育政策常面臨對立與調和的決策考量，亦即在對立中努力尋求調和及平衡。張芳全（2006）亦曾主張教育政策規劃的未來展望包括科學化的規劃教育政策、教育政策規劃延續性、教育政策規劃專業化、教育政策規劃國際化、教育政策規劃統整化及教育政策規劃前瞻化等。林明地（2009）對於教育政策關鍵問題所提出的可能策略包括建立並實施教育表現監督系統、減少競爭型經費補助所占比例、真實強化藝能科教學、將教育改革方向授權學校規劃並要求負起績效責任、整全系統改革或增加縣市政府整個教育系統之教育試驗。

　　綜合上述各家之言可知，國內教育政策研究有諸多重要的趨向，本文從「教育政策制定模式的交互運作」、「教育政策目標與教育政策工具的連結」、「民意、民意調查對教育政策的影響」、「教育政策領導的絕對、相對與辯證」、「教育政策行銷的運用」、「利益團體的積極活動」、「教育學術研究者與教育政策制定者的合作」及「教育政策評估的落實」等方面闡述新世紀教育政策研究的發展方向，以供教育政策學術研

究及實務之參考。

貳 教育政策研究的重要發展面向

一、教育政策制定模式的交互運作

　　教育政策制定的理論模式大約可分為菁英理論、團體理論及公民參與等三種模式（吳定，2012）。菁英主義的決策模式認為教育政策的決定應由專家學者、教育行政高階官員及社會各界菁英所決定，重視的是菁英之智慧與能力；團體理論模式主張教育政策的決定是由各種利益團體彼此協商討論所達成的；公民參與模式則強調教育政策的制定應該透過公聽會、民意調查等方式來使民眾表達對教育政策的看法，並影響教育政策的制定。值得提醒的是，教育政策的制定通常是菁英模式、團體模式及公民參與模式等三種模式混合運用所形成的，一方面由學者專家、教育行政高級官員及社會菁英進行討論達成政策方向，另一方面聆聽及參考教師團體及家長團體等不同利益團體的聲音，同時也召開公聽會聽取一般民眾的觀點或進行民意調查。

　　進一步說明的是，教育政策制定的理論模式各有其優缺點。菁英主義的教育政策制定模式之優點是考量專業及菁英的意見，缺點是忽略多數民眾的觀點，且教育政策僅反映少數菁英的價值；團體理論之優點是兼顧不同利益團體的聲音，其缺點是容易忽略較為弱勢團體的意見；至於公民參與模式是顧及一般民眾的意見，吻合民主的時代潮流，其缺點是忽略專業意見，且一般民眾對於教育政策常是一知半解或是冷漠的。

　　總括說來，如圖 12-1 所示，教育政策制定的模式包括菁英理論模式、團體理論模式及公民參與模式，菁英主義模式偏向由上而下，團體模式及公民參與模式偏向由下而上。教育政策的制定大都是菁英理論、團體理論及公民參與等三種模式的混合體，並依政策性質或政策問題而有不同的參與程度，未來教育政策研究則可以某一教育政策為例，探究其政策制定模式之運作呈現方式。

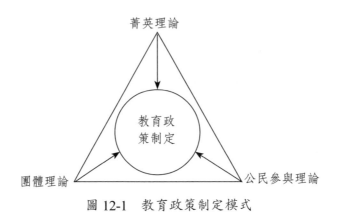

圖 12-1　教育政策制定模式

二、教育政策目標與教育政策工具的連結

　　任何教育政策均有其政策目標，例如十二年國教政策目標之一是舒緩升學壓力，攜手計畫的政策目標是扶助弱勢學生。為了達成教育政策目標，則需要運用有效的政策工具。簡言之，教育政策工具是達成教育政策目標的手段。政策工具的類型依學者的偏好而有不同的類別區分，參酌相關文獻（丘昌泰，2010；Sergiovanni, Kelleher, McCarthy, & Wirt, 2004），筆者認為就教育政策工具而言，大致可分為強制性工具與非強制性工具，強制性工具是透過法令強制實行，例如某教育政策之實踐是直接由教育部或各縣市教育局處行文至各校強制執行；非強制性工具則是透過獎勵、補助或宣導等方式，鼓勵各校推動教育政策，如某縣市要推動學校優質化認證之地方教育政策，則該縣市教育局處可訂定各校比賽辦法，以獎勵參與此項政策的學校或教育人員。此外，運用強制性工具時，政府擁有較多的權力；反之，採用非強制性工具時，則政府擁有較少的權力。

　　教育政策工具雖有強制性及非強制性之類別劃分，但實際運作上通常是混合交互使用的，教育部或各縣市教育局處可強制規定學校執行某些教育政策，但同時也可進行宣導說明，或者對於願意配合政策推動的學校給予獎勵或經費補助。

　　值得一提的是，教育政策目標關乎價值理性，教育政策工具關乎工具

理性，價值理性強調目標及理想，工具理性重視方法及手段，是故教育政策目標之重要性勝於教育政策工具，因為若教育政策目標錯誤，則再有效的教育政策工具也是枉然的，常言道「方向錯誤，努力也是沒用的」，即是此意。也就是說，「做對的事」比「把事情做好」重要。

要言之，教育政策目標的達成要靠教育政策工具的運用，教育政策工具可以軟硬兼施、恩威並濟，但不管是軟硬或恩威之採用，宜視教育政策目標之內容與性質，以及教育政策利害關係人的感受，由於教育人員都是知識分子，因此，教育行政機關在採用政策工具時更需審慎選擇運用。此外，何種教育政策工具較適合各教育階段，亦是值得探究的重要課題。

三、民意、民意調查對教育政策的影響

民意及民意調查是屬於公民參與方式之一，也就是說，透過民意及民意調查可以影響教育政策的形成與制定。在新世紀強調民主參與的趨勢下，更顯得民意及民意調查對教育政策過程之重要性。

一個民主國家的可貴之處在於政策制定能以民意為依歸，而舉辦科學化的教育民意態度調查更可以擴大教育參與的管道（林寶山，1985）。所謂民意是某一特定人群在某一段特定時間內，對某一特定議題所表示的意見（吳定，2012）。而展現民意的方式包括公聽會、民意調查、集會遊行、公民投票、座談會等，可見民意調查是民意表達的途徑之一。民意調查的類別包括網路民調、電話民調、問卷調查、當面訪問等。

常言道「民意如流水」，因此，民意具有不穩定性。此外，若全盤接受民意則易形成所謂的民粹主義，但公共政策的形成應該是民眾之普通常識與專家之專業知識互補的（丘昌泰，2010）。以教育政策制定而言，由於教育是一種專業，因此，教育政策的制定絕對需要以教育專業為基礎，沒有教育理論為基礎的教育政策往往無法順利推動且欠缺合理性，所以，教育政策的規劃不能完全以民意或民意調查為依歸，但這並不是否定民意及民意調查的功能，而是教育政策制定可以同時了解一般民眾的看法，兼聽菁英專家的觀點及民眾的看法，再審慎進行教育政策的制定。也就是說，民意調查是屬於公民參與的模式，民意調查可以協助政府得知一般民

眾對政策的期待，但也有被批評之處，如民意調查的正確性、忽視意見領袖的影響力及民意的不穩定性（彭懷恩，2008）。因此，我們對民意調查應該有清楚的認知，並謹慎進行民調及運用民調。

質言之，教育政策的規劃與制定常是菁英模式、團體模式及公民參與模式三種方式混合運用而成的，所以屬於公民參與模式之民意往往會影響教育政策的擬定及執行，甚至可以讓某一教育政策終止，是故教育政策制定者宜體察民意走向，並適時透過民意調查了解民意之偏好與期望，即早做好因應措施，且同時政府部門與公民參與間宜理性溝通、平和對話，以圓滿解決富爭議性之教育政策議題（陳文海，1999），但另一方面亦應避免使民意成為僅為私利或犧牲少數的民粹主義，忽略教育政策之嚴謹專業考量。換言之，如何有效結合民意、民調及專業，是未來教育政策研究的重要努力方向。

四、教育政策領導的絕對、相對與辯證

教育政策領導的作為可以從絕對、相對及辯證等三種方式加以闡明。絕對是一種堅持，不能有所懷疑與討論，教育政策領導過程以學生為中心、考慮學生的最大利益，這是教育政策領導的絕對。但許多教育事務是沒有絕對標準的，教育政策領導與執行方式是可以隨時空不同而有所調整，不能一成不變，這是教育政策領導的相對，例如有時是要採取由上而下的政策領導，但某些情境是需要由下而上的政策決定。

申言之，教育政策領導所面臨的問題並非都可用單一絕對方式或標準加以處理，然處處都是相對的結果卻變成沒有原則，找不到核心價值，因此較為理想的方式與態度是教育政策決定儘量經由辯證的過程尋求共識，是以教育領導者應該多加強專業知能才可以在辯證討論中發揮影響力。近年來備受注意的商議式民主（deliberative democracy）正是倡導人們不應只被視為立法的客體，受政策影響的公民應該有機會在商議過程中提出理由（謝宗學和鄭惠文譯，2006）。質言之，除了絕對與相對的探討之外，教育政策領導的辯證亦值得我們加以關注。辯證可以說是一種正反合的開放性與互動性，亦即教育政策問題與議題都可以透過討論對話交流，針對不

同觀點加以論辯，而不是一種權威的施壓。

　　不論是教育政策領導或教育價值，均有其絕對、相對及辯證，事實上，價值是鑲嵌在政策過程中（蘇偉業譯，2010）。以學生為中心是教育政策領導之絕對的核心價值，而教育政策領導型態及策略應該是可以採相對，而不是簡單的是非、對錯二分法，宜視教育政策領導情境而定。此外在領導制定教育政策時，宜多透過對話討論與溝通進行理性論辯，整合多元意見，這也是新世紀民主社會的重要特徵及教育政策研究的趨勢。

五、教育政策行銷的運用

　　公共政策的制定是否能符合民眾的偏好，向來是民主政治理論所關切的主題，是以政策行銷（policy marketing）的出現，不僅呼應了新公共行政的民主化運動，亦可視之為在後官僚革新典範及師法企業潮流下所激起的美麗浪花（胡龍騰，1997）。誠如吳明清（2003：2）所言：「政策雖然不是商品，但政策的制定與執行，猶如商品之必須獲得消費者青睞，才能發揮商品的價值。據此而言，企業行銷的觀念與方法應可相當程度的應用於教改政策的宣導與執行。」

　　政府的政策行銷功能為能塑造政府良好形象、凝聚民眾向心力、增強競爭能力、發揮預示通告、創造需求改變及提高服務品質（盧延根，2003）。所謂教育政策行銷就是運用行銷學的相關概念，使教育政策能滿足教育政策之各利害關係人之需求，讓教育政策得以順利推動，以達成教育政策目標（蔡進雄，2005）。在教育政策行銷的時機方面，事實上，不僅在教育政策規劃階段要說服各方的認同與支持，從教育政策問題的發生、教育政策規劃、教育政策合法化、教育政策執行到最後教育政策的評估，甚至是教育政策的終結，都是教育政策行銷的時機，其目的在於爭取教育政策利害關係人的認同與支持，唯有如此，教育政策的推動才會順暢少阻力，易於達到教育政策目標（蔡進雄，2005）。在教育政策行銷的具體做法上，則可以從產品策略、定價策略、通路策略及促銷策略等加以努力。

　　綜合言之，在專業與民意之間如何取捨或平衡，考驗著教育政策領導

者的智慧。但所謂「民之所欲，常在我心」，在教育政策制定過程如能適時運用行銷，則將會減少「上有政策，下有對策」之現象，而能達到教育政策目標（蔡進雄，2005）。職此之故，教育政策行銷是新世紀教育政策研究的重要發展面向。

六、利益團體的積極活動

利益團體的積極活動是未來政策管理研究的重要面向（吳定，2003）。利益團體經常可以改變政府的決策方向（丘昌泰，2010）。Lester 與 Stewart 也表示在美國，利益團體在政策規劃上是極為重要的角色，在許多解釋公共政策規劃方案中，最常被提及以及最具決定性地位的便是利益團體以及它的影響力（陳恆鈞譯，2001）。在強調論述及治理（governance）而非統治（government）的公共政策趨勢下（黃乃熒，2006；Peters & Pierre, 1998），教育政策制定者與利益團體的互動更顯得重要。

所謂利益團體，就是為了共同利益或共同目標而採取共同行動的團體。過去在威權時代，國內政策的推動較傾向菁英主義模式，但晚近民意高漲，教育政策的規劃或執行宜傾聽不同利益團體的主張及聲音。在利益團體類型方面，國內教育利益團體大都屬於單一議題式、組合的、專業性及學術性的利益團體（蔡進雄，2007），並且踴躍積極參與各項教育政策的制定，甚至監督教育政策的執行。

在民主開放時代之教育政策的形成，各利益團體都有發聲的機會並擁有某種程度的影響力，教育行政機關對於教育利益團體應抱持坦然面對及多溝通協調的態度，且宜體認到利益團體是民主社會的現象。利益團體雖然具有反映民意的正面功能，利益團體的形成亦是民主政治的常態，但如何避免流於僅照顧少數人利益之情形，則是考驗著教育政策制定者的智慧（蔡進雄，2007），同時各類利益團體對教育政策的影響情形也是教育政策研究不能忽略的議題。

七、教育學術研究者與教育政策制定者的合作

從雙社群理論及相關文獻來看（翁興利，1999），教育學術研究者和

教育政策制定者生活在迥然不同的價值世界，並在教育政策過程中扮演著不同的角色。教育學術研究者常扮演以下的角色：(1) 分析者：透過知識生產分析教育政策趨勢；(2) 協助者：提供研究報告供教育行政人員政策決策之參考；(3) 啟發者：具價值的研究報告可啟發教育決策者新思維。至於教育決策者及執行者則宜有以下的態度：(1) 不全盤接受也不全盤否定研究報告；(2) 試圖從研究報告獲得不同思維角度及啟發。誠如謝美慧（2000）所言，在教育研究與教育決策的互動歷史觀之，教育研究與教育決策互動關係是從指導、不信任，到重新定位與合作。翁福元（1999）也指出要維持教育研究與教育政策的對等關係。Husen（1984）則從研究者與政策制定者間的溝通觀點，歸納指出兩者間有啟發或滲透模式及政治模式之關係。

　　質言之，從雙社群理論來看，教育研究者與教育政策決策者是生活於不同的價值世界，由於教育研究報告可供教育決策參考並會影響教育決策的品質，故顯現學術研究者的價值。但教育學術研究者亦應體認教育決策之制定絕非以教育專業知識為單一的決策因素，還涉及政治、社會、經濟及民意等多方面的考量。職此之故，教育學術研究者與教育政策制定者如何有效連結與合作，是未來教育政策研究的重要課題。

八、教育政策評估的落實

　　政策評估是針對某一政策，透過不同方式蒐集資料，並進行價值判斷，以作為改進或決定的參考。而政策評估的功能在於提供政策績效的資訊、重新檢視政策目標與政策執行的妥適性、釐清政策責任的歸屬、作為政策建議的依據及提供給民眾相關政策資訊（李允傑、丘昌泰，2009）。但教育政策評估亦面臨一些問題，例如教育政策成效不易量化、影響教育政策執行成效的原因複雜不易確認彼此因果、教育政策成效緩慢等，例如對於師資培育政策評估，各家說法不一，實在不易論斷評估該教育政策對教育的影響，因為影響教育成敗的因素相當多元，其成效亦非短期內所能見。

　　為了能落實教育政策評估，以檢視教育政策目標是否能有效達成，教

育政策評估宜兼顧教育政策執行前、教育政策執行中及教育政策執行後之評估，且適時運用量化及質性的評估方法，並掌握第四代教育政策評估的趨勢，與教育政策利害關係人多溝通、多協商。

此外，值得一提的是，建立教育表現監視系統以蒐集各級各類學校和各政府層級之教育投入過程與產出的資料，可以評估教育政策的現象並轉換成為教育策略方向（林明地，2009；Leithwood, Aitken, & Jantzi, 2006），相當值得吾人加以應用。

參　結語

教育政策研究的理由為了解科學知識、專業的宣稱及政策推介等（張芳全，2001），特別是在新世紀之後現代教育環境下，講求的是以專業論述為基礎的教育政策決定，因為缺乏專業的教育政策是盲目的，而有了研究為基礎及教育專業才能提升教育政策決定品質，由此更顯現教育政策研究的重要性。有學者也指出公職人員應該是專業人士（蘇文賢和江吟梓譯，2010），可見影響教育政策之制定者也是具教育專業之人士。

總結說來，教育政策問題具有相互依賴性、歷史性、動態性及主觀性等特性（蔡進雄，2012），是以教育政策研究之面向也是經緯萬端，但歸納而言，新世紀教育政策研究的主要發展方向包括「教育政策制定模式的交互運作」、「教育政策目標與教育政策工具的連結」、「民意、民意調查對教育政策的影響」、「教育政策領導的絕對、相對與辯證」、「教育政策行銷的運用」、「利益團體的積極活動」、「教育學術研究者與教育政策制定者的合作」及「教育政策評估的落實」等，本文即針對這幾方面加以闡述，以供教育政策研究及推動各項教育政策實務之參考。

〔參考文獻〕

丘昌泰（2010）。**公共政策：基礎篇**。臺北市：巨流。

吳定（2003）。**政策管理**。臺北市：聯經。

吳定編著（2012）。**公共政策辭典**。臺北市：五南。

吳明清（2001）。**教育向前行：開放社會的教育改革**。臺北市：師大書苑。

吳明清（2003）。知變、應變、求變：教改政策的行銷與因應策略。**台灣教育，620**，2-12。

李允傑、丘昌泰（2009）。**政策執行與評估**。臺北市：元照。

林明地（2009）。近年來我國教育政策的關鍵問題與可能對策。**學校行政雙月刊，60**，1-9。

林寶山（1985）。**教育決策與改革**。高雄市：復文。

胡龍騰（1997）。**政策行銷之理論與實踐：「野生動物保育政策」個案分析**。國立中興大學公共行政及政策研究所碩士論文，未出版，臺北市。

翁福元（1999）。教育研究與教育政策的對話：一個概念性的討論。載於中華民國比較教育學會主編，**教育研究與政策之國際比較**（頁1-22）。臺北市：揚智。。

翁興利（1999）。**公共政策：知識應用與政策制訂**。臺北市：商鼎文化。

張芳全（2001）。**教育政策導論**。臺北市：五南。

張芳全（2006）。**教育政策規劃**。臺北市：心理。

張鈿富（1995）。**教育政策分析：理論與實務**。臺北市：五南。

黃乃熒（2006）。教育政策對於論述之需求性探索。載於作者主編，**教育政策科學與實務**（頁3-25）。臺北市：心理。

陳文海（1999）。**公民參與之研究：在公共政策制定與執行上的限制及其突破策略**。國立中山大學政治研究所碩士論文，未出版，高雄市。

陳恆鈞譯（2001）。**公共政策：演進研究途徑**。J. P. Lester & J. JR. Steward 原著。臺北市：學富文化。

彭懷恩（2008）。**政治學導論**。臺北市：風雲論壇。

蔡進雄（2005）。教育政策行銷之探討。人文及社會學科教學通訊，**15**(6)，106-117。

蔡進雄（2007）。利益團體與教育政策之探討。**師說**，**196**，4-8。

蔡進雄（2012）。教育政策問題的特徵：以人才培育為例。**國家教育研究院電子報**，**50** 期。

盧延根（2003）。教育政策行銷功能及策略之探究。**台灣教育**，**620**，19-27。

蘇文賢、江吟梓譯（2010）。**基層官僚：公職人員的困境**。M. Lipsky 原著。臺北市：學富文化。

蘇偉業譯（2010）。**公共政策入門**。K. B. Smith & C. W. Larimer 原著。臺北市：五南。

謝宗學、鄭惠文譯（2006）。**商議民主**。A. Gutmann & D. Thompson 原著。臺北市：智勝文化。

謝美慧（2000）。教育研究與教育決策之關係。**教育政策論壇**，**3**(1)，137-155。

顏國樑（1997）。**教育政策執行理論與應用**。臺北市：師大書苑。

Husen, T. (1984). Issues and their background. In T. Husen & M. Kogan (Eds.), *Educational research & policy: How do they relate?* (pp.1-36). New York: Pergamon Press.

Leithwood, K., Aitken, R., & Jantzi, D. (2006). *Making school smarter: Leading with evidence* (3rd.). Thousand Oaks, CA: Corwin Press.

Peters, B. G., & Pierre, J. (1998). Governance without government? Rethinking public administration. *Journal of Public Administration Research and Theory, 2,* 223-243.

Sergiovanni, T. J., Kelleher, P., McCarthy, M. M., & Wirt, F. M. (2004). *Educational governance and administration*. Boston, Mass: Allyn and Bacon.

Starratt, R. J. (1988). Administrative leadership in policy review and evaluation. *Educational Evaluation and Policy Analysis, 10*(2), 141-150.

本文 2014 年曾發表於教育人力與專業發展期刊第 31 卷第 2 期，頁 47-54。

國家圖書館出版品預行編目資料

教育政策研究／蔡進雄著. -- 初版. -- 臺北
市：五南圖書出版股份有限公司, 2021.12
面；　公分
ISBN 978-626-317-448-1（平裝）

1.教育政策　2.文集

526.1107　　　　　　　　110020634

1I3X

教育政策研究

作　　者 — 蔡進雄（367.3）

發 行 人 — 楊榮川

總 經 理 — 楊士清

總 編 輯 — 楊秀麗

副總編輯 — 黃文瓊

責任編輯 — 劉芸蓁、李敏華

封面設計 — 王麗娟

出 版 者 — 五南圖書出版股份有限公司

地　　址：106台北市大安區和平東路二段339號4樓

電　　話：(02)2705-5066　　傳　　真：(02)2706-6100

網　　址：https://www.wunan.com.tw

電子郵件：wunan@wunan.com.tw

劃撥帳號：01068953

戶　　名：五南圖書出版股份有限公司

法律顧問　林勝安律師事務所　林勝安律師

出版日期　2021年12月初版一刷
　　　　　2022年10月初版二刷

定　　價　新臺幣350元

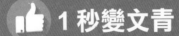

經典永恆・名著常在

五十週年的獻禮 —— 經典名著文庫

五南，五十年了，半個世紀，人生旅程的一大半，走過來了。

思索著，邁向百年的未來歷程，能為知識界、文化學術界作些什麼？

在速食文化的生態下，有什麼值得讓人雋永品味的？

歷代經典・當今名著，經過時間的洗禮，千錘百鍊，流傳至今，光芒耀人；

不僅使我們能領悟前人的智慧，同時也增深加廣我們思考的深度與視野。

我們決心投入巨資，有計畫的系統梳選，成立「經典名著文庫」，

希望收入古今中外思想性的、充滿睿智與獨見的經典、名著。

這是一項理想性的、永續性的巨大出版工程。

不在意讀者的眾寡，只考慮它的學術價值，力求完整展現先哲思想的軌跡；

為知識界開啟一片智慧之窗，營造一座百花綻放的世界文明公園，

任君遨遊、取菁吸蜜、嘉惠學子！